शेरो-सुख़न (शायरी)

AF765762

निशान भारती

ISBN 979-888546108-5

शेरो-सुख़न (शायरी)

"शायरी की दिल-चस्प दुनिया में
लफ़्ज़,जज़्बात,अल्फ़ाज़ बन हक़ीक़त से रूबरू हो
बातें करती.

खामोशी ,तनहाई ,दर्द का ज़िक्र,मुहब्बत,उम्मीद में
झांकती उन लबरेज़ आँखों का ज़िक्र.

जो हाशिये पर खड़े इंतज़ार में, ज़िक्र हैं उनका इस ख़ूबसूरत शेरो-सुख़न की दुनिया में .अलफ़ाज़ जरिया है एहसासात-जज़्बात को लफ़्ज़ों की शक्ल में बयां करने की. शायरी हाले-दिल बयां करने, हकीकत को आईना दिखाने का बेशकीमती ज़रिया है.

बहरक़ैफ़ तय आप करेंगे,लब्ज़ जज्बात की तासीर .आपकी मुहब्बत आपका हौसला-अफ़ज़ाई सर आंखों पर.अल्फ़ाज़ महदूद बेशक हो पर ख़याल व् एहसासात को खुली छूट मिली हुई है.

मसला इश्क़ व मुहब्बत की हो या इंसानी ज़िंदगी से जुड़े किसी और मसले पर लिखी गयी हो. शेरो-सुख़न में लफ़्ज़ों से जज़्बात निखारने का 'अर्ज़-ए-हुनर जज़्ब है."

क्रम-सूची

क्रम-सूची

क्रम-सूची

क्रम-सूची

क्रम-सूची

क्रम-सूची

भूमिका

सब्र से बेहतर मु'अल्लिम ढूंढ आया जहाँ में, बेसब्र हो यहाँ-वहाँ मैं

यूं ही दर-बदर ख़ाक छान-छान कर मुकम्मल हुआ मैं

"शेरो-सुख़न की दुनिया में चंद अश'आर शेरो-सुख़न की शक्ल में लोगों के दरमियान रखने का मौका मिल रहा

."

नज़र-अंदाज़ कर कहाँ जाओगे खड़े हो ज़मीन पर

पहाड़ है तो ठीक है, ज़मीन से भी बात कर लिया कर

तह-ए-दिल से शुक्र-गुज़ार हूं !

लुत्फ़ भला क्यों ना आए, चासनी में डूबी हो जब उंगलियां

गर्म-गर्म ही सही मजा क्या जो ठंडा होता

उनका मानना है गहराई से महसूस की हुई चीज लफ्जों में पिरो कर एक खूबसूरत दिलकश गुलदस्ता तैयार की जा सकती है,जहां हर रंग की अहमियत हो हर आवाज़ की कद्र हो .

जिस्म-ए-ख़ाकी पर क्यों करता है गुमान

फना हो जाएगा आने दे जरा तूफान

दर्द-ख़ुशी को लफ़्ज़ों में बयां करने की आदत में शुमार हो चली है. उनके दर्द को अपना दर्द बना लेना उनकी ख़ुशी में शामिल हो जाना शेरो-सुख़न की बेहतरीन खासियत है.

फ़ज़ा क्यों बहकी रातों-रात मौसम को
जाम पिलाया गया

उजड़े घर न जाने कितनों के फिर तूफान
को क्यों बचाया गया

कुछ बेहतर करना , 'अवाम मुल्क और दुनिया की बेहतरी के लिए एक ख़ुश-नुमा माहौल तैयार करना शेरो-सुख़न की DNA में है.

छोड़ गए वो मुझको मरा समझ

दिल तब भी धड़क रहा था जब गए वो
मुझको छोड़ कर

इसमें कोई दो राय नहीं कि उर्दू शायरी लोकप्रिय दिलकश और मनभावन काव्य विद्या है.उर्दू ज़ुबान भारतीय उपमहाद्वीप की मिली-जुली संस्कृति और परंपरा को समेटे निरंतर बड़ी जा रही है.

मुझ पर गुज़रती है जो महसूस किया करे कोई

ये हुनर मां के सिवा किसी में नहीं आज भी

1. बुरा है

बुरा है वो तो अच्छा कहे किसे कोई
बीमार-ऐ-हाल पूछे कोई और दवा किया करे कोई

बीमार-ए-'अक़्ल[1] के शहर में दानिश-ऐ-शहर[2] कोई
बेफिक्र अपने ही धुन में रंज-ओ-ग़म किया करे कोई

मालिक-ए-हक़ीक़ी[3] मेरा , रुस्तम-ए-हिंद हुआ करे कोई
फ़िक्र न अरमान न ख़्वाब दिल-जूई किया करे कोई

क़दम ब-मुश्किल उठा लिया मुकम्मल करे कोई
मशग़लों[4] में वक़्त बसर हुआ आखिरत की दुहाई दिया करें कोई

दस्तारबंदी तो हो गई शिकवा करे तो करे कोई
वो मेरे पहलू में शिद्दत से, चाहा करें तो चाहा करे कोई

गुनाह हुई बेपर्दा नेकियों पर पर्दा डाला करे कोई

नशा यूं ही सोहबत का, मय-ए-तुंद[5] पिया करे तो पिया कर

1.बुद्धि से बीमार 2. शहर का अक्लमंद आदमी 3.ईश्वर 4.शौक 5.तेज़ नशे वाली मदिरा

2. रूबरू

रूबरू हुआ दिल, धड़कन ,एहसास-ए-'इश्क़[1] और तू
यूं ही तमाम रातें गुजरी, हक़ीक़त-ए इश्क बयां हुआ

उनके मेरे दरमियान दिल, धड़कन, एहसास और मैं हूं
दिल पर दस्तक उनका ख़ामख़ाह मैं बदनाम हुआ

अदाएं भी बेफिक्र मुकम्मल हुई अंदाजे-गुफ्तगू में
इब्तिदा-ए-'इश्क़[3] न जाने कब कैसे जुनून-ए-'इश्क़ हुआ

बुझी-बुझी सी लगी थी बेशक आग
खबर उनको-खबर मुझको न जाने कैसे सर-ए-'आम हुआ

धड़कनों का क्या क़ुसूर अगरचे धड़कने बे-लगाम हुई
दिल से निकल वो दिमाग पर सवार हुआ

वुफ़ूर-ए-मोहब्बत[4] न पूछ मुझसे बस देख हालत मेरी
हसरत-ए-दीदार[5] ही रहा हक़ीक़त ख्वाब हुआ

- 1.प्रेम का भाव 3.प्यार की शुरुआत 4.प्रेम की अति 5.देखने की अभिलाषा

3. मिल जाऊं

मिल जाऊं तो पूछूं तू अंदर है जो तू बाहर है
ढूंढ रहा है खुद को एक ज़माने से

खुद को बहलाता किनारे लगाता रहता है
खुल न जाए कहीं ख़ौफ़ज़दा है ज़माने से

हैं ज़ख़्म जज़्ब अंदर ही अंदर
उभर कर सामने न आ जाए ज़ख़्म दबाने से

छुपा है नेक-सीरत[1] के दरमियाँ लगा है किर्दार-साज़ी[2] में
क्या है क्या दिखाता है खबर न हो जाने-अनजाने से

खबर है बख़ूबी दाग लगा रखा है दामन पर
नजर रहती हर कदम पर किसी न किसी बहाने से

मिले अगर तू रूबरू गुफ़्तगू कर लूं
नासूर बन न जाए इलाज तो होगा ज़ख़्म दिखाने से

- 1.अच्छा स्वभाव 2. शख़्सियत को संवारना

4. गुज़र रहा

गुज़ररहा था फ़र्त-ए-मोहब्बत[1] में दरमियां मेरा दिल आ गया
इलाज-ए-खास है हाथों में तलाश करता-करता आ गया

मर्ज़ की दवा मिल जाएगी आप के हवाले से आ गया
नब्ज़ पर हाथ रखते ही दिल-ए-बीमार शिफ़ा[2] पा गया

ज़ेर-ए-'इलाज[3] आना-जाना शुरू हो गया
हमदर्द बन जो दवा की, दिल-ए-बे-क़रार ,करार आ गया

बिला-वज्ह बिन मौसम कहां-कहां बरस गया
बाज़ी-पहलू[4] में आकर सुकून-ज़ार[5] मिल गया

हुस्न-ए-सोहबत[6] का है अशर कामयाबी कदमों में आ गया
किस काम का था बैठे-बैठाए नज़रों में आ गया

मरज़-ए-दवा होता रहा आना-जाना इस-क़दर शुरू हो गया

खबर न थी दूर तलक उल्फ़त तेरे नाम का हो गया

- 1. प्रेम की झोंक 2. रोग से मुक्त होना 3. चिकित्सा के दौरान 4. पहलू में 5. जहां इतमीनान और क़रार हो 6.दोस्ती की खूबसूरती

5. उनकी कलाई

उनकी कलाई थामूं या उँगलियाँ पकड़ूँ
ज़ेहनी-कशमकश[1] में वक्त बसर कर दिया

पुर-अरमाँ दिल का क्या करें
तसल्ली तो न सही मुकम्मल इंतजाम कर दिया

मौज-ए-ख़ूँ[2] का क्या करें दिल धड़कता है बे-परवा
आख़िर-कार खुद को ज़मींदोज़ कर दिया

उनके क़ाबिल नहीं, न मुझको समझ न दिल को खबर
कहते हैं लोग बर्बाद था खुद को और बर्बाद कर दिया

उस मुकाम पर ला खड़ा किया जहां बिखरना ही था
उन्हें क्यों हो फिक्र, मुझको ही मुझसे बेदखल कर दिया

बंदा-ए-नाचीज़ को गुमाँ इस कदर जैसे चांद सितारे क़दमों
में

शब-ए-इंतिज़ार ने इस-क़दर जीना मुश्किल कर दिया

- 1.दिमाग़ी असमंजस 2. ख़ून की लहर

6. इश्क़ रूह है

इश्क़ रूह है जिस्म है भला क्या है बला, रौशन होती अँधेरे में
इसे जलना भी खूब आता है लुत्फ़ ले-ले के बुझाने में

बेतरतीब इसकी चाल दिल बेज़ार-बेहाल
देती ज़ख़्म भी गहरा पीछे नहीं रोग लगाने में

अल्हड़ शोख़ , कसर नहीं छोड़ी इतराने में
बेसब्र है दरिया समंदर में मिल जाने में

बे-हवास से भागे भागे आए मेरे पहलू में
बे-इजाज़त आ गए मेरे ख़्वाब-ए-ज़र्री [1] में

ख़ुशआमदीद, भला क्यों हो ए'तिराज़ आने में
उलझा-उलझा मुंतज़िर[2] हूं मुख़्तसर[3] सी ख़्वाहिश में

कब से बैठी सहमी-सहमी सिरहाने मेरे

ढूंढ रहा हूं ब-सबब मैं कहीं और अनजाने में

खुदा खैर करे,आए तो आए किसी बहाने से
दिलकश अदा और जलवा लाए जाने अनजाने में

- 1.ख़ूबसूरत स्वप्न 2. इंतजार 3. संक्षिप्त

7. जिंदगी जी रहे

जिंदगी जी रहे फ़र्त-ए-ख़ुशी[1] में , पेट में दाना नहीं ऊपर
छत नहीं
जिंदादिली का क्या कहना, डूब रहे हाथ पैर मारना गवारा
नहीं

उठते बैठते जिक्र-ए-गम, जिंदगी कहकहे लगा रही
घर में फ़ाक़ा और ता'मीर-ए-मय-ख़ाने[2] की जिद ही रही

ज़बान पर चटकारे जेब मुफ़्लिसी में ही रही
न तारे न चांद की चाहत, नीचे ज़मीन ऊपर आसमां ही
रही

जिद्द-ओ-जहद दो जून की रोटी और ख़्वाहिश ही न रही
जो मिल गया शुक्रिया किसी से शिकायत ही न रही

दिल खुला-खुला कुछ और करने की तमन्ना ही न रही
ज़िद भी कर ले तो क्या कर लेंगे झोली फटी की फटी ही
रही

लिख गया कोई मुकद्दर में जिंदगी यूं ही गुज़र रही
जो कुछ है बस डाल जा तवक़्क़ो[3] ही न रही

- 1.बेइंतहा खुशी 2. मधुशाला का निर्माण 2. उम्मीद

8. यूं ही सिलसिला

यूं ही सिलसिला-ए-ख़यालात[1] अच्छा है बरक़रार रहे
एहसास-ए-मोहब्बत और ए'तिबार-ए-वफ़ा[2] रहे

सोहबत-दारी यूँ हीं बनी रहे उम्मीद-ए-ख़ैर[3] जगी रहे
रिश्ते मुक़म्मल न सही, आधी अधूरी ही रहे

हासिल-ए-तसव्वुर[4] का ज़िक्र क्या करना शौक़-ए-दीदार[5]
बनी रहे
कागज के फूल ही सही खुशबू आती रहे

गुज़रा लम्हा मोहब्बत जताने का
दिल लगाना न लगाना पर आते जाते रहे

कुछ हो न हो-कुछ रहे न रहे, दिल को तेरी तमन्ना रहे
फूल हाथों में लिए बे-हवास[6] अंगारों पर ही चलते रहे

बर्फ कभी तो पिघलेगी, इसी आसरे में जीते रहे

हद न पार करने का इरादा, बस तू नजरों के सामने रहे

- 1.विचार- क्रम 2. निरंतरता का विश्वास 3.भलाई की आशा 4.कल्पना का परिणाम

5.देखने की तमन्ना 6. खोया-खोया सा

9. वो जो बेवजह

वो जो बेवजह ही मेरा हालचाल पूछ रहें
कुछ दबी-बुझी सी ही सही आग लगी तो सही

आंख मिचौली बच्चों की जवानी में भी खेलते रहे
छुपे बैठे थे चिलमन में , देर से सही रूबरू हुए तो सही

जो आएं तो सुर्ख़रू[4] हो, आते-आते आए तो सही,
देर हीं सही दिल में मुहब्बत जगी तो सही

गुज़र रही थी पहाड़ सी रात, चांद उतर आया पहलू[5] में
ख़ुश-फ़हमी ही सही करीब आई तो सही

रौशन-जबीं[1] तेरा आना ही उजाले को दस्तक दे गया
किसी बहाने अंधेरा दूर हुआ तो सही

सुकून-ए-क़ल्ब[2] मिली मुझको, तुझको भी कुछ मिला होगा
खाली-खाली दिल था, ख़ुश-आमदीद[3]! तू आई तो सही

- 1.उज्ज्वल ललाट 2.दिल की शांति 3.शुभागमन 4. सम्मान पूर्वक 5. आग़ोश

10. ख़याल

ख़याल जो होता मुल्क का हिंदू-मुसलमाँ क्यों होता
नजरिया जो बदले तो कुछ और बात होती

तरकश से निकले तीर बराबर निशाने पर रहे
ग़फ़लत में चूक जाये निशाना तो कुछ और बात होती

ताकीद उनको क्या करना जो ख़ुद-मुख़्तार[1] हो
गुफ्तगू तो करें तो कुछ और बात होती

मुफ़ीद-ए-मतलब[2], जलता रहे दिल सुलगती रहे आंखें
आब-ओ-हवा बदले तो कुछ और बात होती

ज़ख़्म-ए-ज़बाँ[3] , ताजपोशी होती रही
रंजिशें खत्म न सही कमज़ोर तो पड़े ,तो कुछ और बात होती

तुम भी हो मैं भी हूं कारवाँ यूं ही चलता रहे

लुटे न कारवाँ तो कुछ और बात होती

जज़्बात इस-क़दर बेलगाम, हवाएं भी गर्म होती रही
बेमौसम ही सही बारिश-ए-ज़र[4] हो तो कुछ और बात होती

- 1. स्वतंत्र 2. अपने फायदे के लिए 3. तंज कसना 4. खुशियों की बारिश

11. तेरा चलना

तेरा चलना पलट-पलट कर वो देखना
मेरी धड़कने भी मिलाती ताल तेरी चाल से

राज़ी नहीं मेरा दिल आंखों से तू ओझल हो
दिल धड़कता है मेरा बस तेरे ख्याल से

हसरत-ओ-अरमाँ[1] पाल बैठा कई साल से
निकला कई-कई बार तेरे ही दरमियाँ से

हिम्मत न हुई मेरी नजरें मिलाने की
नजर में रहे तू ही तू , यकीन नहीं! पूछ ले दर-ओ-दीवार से

हर इक शय[2] ख़ुशियों से तर-ब-तर[3] हुई
तू क्या आई, पीछे-पीछे ख़ुशबू भी आई बहाने से

हिज़्र[4] की कैफियत, पूछे कोई तो मेरे दिल से

कितनी बहारें आई गई, जा पूछ ले बहार से

- 1. इच्छाएँ और अभिलाषाएँ 2. चीज़ 3. सराबोर 4. प्रियतम की अनुपस्थिति

12. क्या ख़बर गुजर जाऊं

क्या ख़बर गुजर जाऊं, सुबह हूं शाम हो जाऊं
झिझकता क्या है लगा ले गले, दूज का चाँद हो जाऊं

मौसम का क्या भरोसा बरसात हो जाऊं
तेरी एक नजर पर क्या ख़बर तेरा हो जाऊं

खाली दिल ही सही, ला मोहब्बत भर लाऊं
पाने की ख़्वाहिश तो कर आज़माइश हो जाऊं

करीब तो आ, तेरे आंखों का तारा हो जाऊं
गुफ़्तगू का सिलसिला तो बड़ा मैं तेरा हो जाऊं

नज़रें करम तो कीजिए आशिक़-नवाज़ हो जाऊं
दर्द बयां तो कीजिए, दवा हो जाऊं

तशरीफ़ तो लाइए , रह-रव-ए-राह-ए-'इश्क़'[1] हो जाऊं
पलकों को जरा ज़हमत[2] तो दीजिए नज़र हो जाऊं

मजहब-ए-इश्क इजाजत तो दे अफ़साना हो जाऊं
इशारा तो कर जरा दीवाना हो जाऊं

- 1. प्रेम-पथ के पथिक 2.तकलीफ़

13. हवे में कर

हवे में कर इंतिज़ाम ज़मीन से क्या वास्ता
दुआओं में हाथ, सर पर हाथ रख दिया भी कर

पंच-वक्ता नमाज़ अदा कर रहे पाबंदी से
दहलीज़ ए मस्जिद से उतर कभी देख लिया भी कर

मुकम्मल ए'तिमाद[1] मोहताज[2] न हो कोई किसी का
तस्वीर-ए-परेशानी-ए-'आलम[3] कभी देख लिया भी कर

मुफ़लिसी[4] न पूछिए जहाँ-जहाँ गए लुटाते गए
दरियादिली पर न जा हौसला-अफ़ज़ाई भी कर लिया भी
कर

नेकियां तो बहुत की ब-ख़ुदा कम-ज़र्फ़[5] ज़माना निकला
मेरे हक़्क़ में न सही न , सदाक़त[6] तो दिखा लिया भी कर

लिबास पर न जा आ मेरे किरदार पर आ

तल्ख़-जवाब पर न जा सवाल कर लिया भी कर

- 1. पूर्ण विश्वास 2.ज़रूरत मंद 3. लोगों का परेशानी भरा चेहरा 4. गरीबी 5. तंग नज़र 6. मित्रता

14. सभी थे कश्ती में

सभी थे कश्ती में सवार कुछ डूब गए कुछ कूद गए
जो बच गया वो भी अपने ही गाँव का

दरिया भी बेबस निकली बस देखती रही
ज़ख़्म हुआ गहरा, दवा भी न रहा किसी काम का

गरजती हुई आवाज उफनती हुई आंखें
क्या कहना सर-ए-आग़ाज़ का

दरिया जुनून-ए-सफ़र[1] में निकल पड़ी
उसे भी ख्याल बख़ूबी अपनी पहचान का

ख़ौफ़ज़दा, बे-जान सी बही जा रही
ख़ामोशी गवाह पस-ए-मंज़र का

साल दर साल सिमटती-सिकुड़ती रही
अहसास-ऐ-उम्मीद टूटी खबर है उसे अंजाम का

• 1. यात्रा का उन्माद

15. पढ़ कर दिल को

पढ़ कर दिल को बता तो सही मेरा ज़िक्र है कि नहीं
तू मेरी धड़कनों में , तेरी धड़कनों में मैं हूं या नहीं

तेरे फिक्र में डूबा-डूबा मेरी फिक्र है कि नहीं
दीवानगी जो मेरे दिल में है तेरे दिल में है भी की नहीं

खेलते हो जो दिल से रहम-ओ-करम है की नहीं
ख़ुशनसीबी जो तुम मिले तुम खुश हो भी कि नहीं

दौलत-ए-हुस्न के मालिक हो तुम खबर है भी कि नहीं
दिल ए बीमार तेरे इश्क में , एहसास-ए-'इश्क़'[1] है भी कि नहीं

तसव्वुर में तेरा 'अक्स'[2] बना बैठा आईना है कि नहीं
शोखियां करती बेहाल मुझको तेरा हाल बेहाल है भी कि नहीं

हाल-ए-परेशाँ[3] हूं मैं यहां तुम परेशाँ हो कि नहीं
होश-ओ-हवास जवाब देने लगे , खबर है भी कि नहीं

- 1.प्रेम का भाव 2. तस्वीर 3.बुरी हालत

16. वो क्या गई

वो क्या गई रौनक़ गई खाली-खाली सा घर हुआ
शोर-ओ-ग़ुल था जहां ख़ामोशी का बसेरा हुआ

दिल-जूई[1] करें कौन ख़ुशामद ख्वाब हुआ
'इल्म न थी उनकी अहमियत की 'इल्म हुआ

ख़्वाहिश, फ़रमाइश, इंतजार सब के सब आज़ाद हुआ
क्यों आंखों से आंसू आते प्याज या ग़म हुआ

लंबी तक़रीरों का दौर गुज़रा ज़माना हुआ
हाथ में जाम रोज का यही बहाना हुआ

नोकझोंक चलो अच्छा हुआ किनारा हुआ
उनके बगैर दिल भी अपना किस काम का हुआ

बोझिल- बोझिल सी आंखें बेज़ार हुआ
अर्श से फर्श तक तू ही तू अब जाकर ख्याल हुआ

शेरो-सुख़न (शायरी)

1. आओ भगत

17. कहते थे जो

कहते थे जो तुम हो दिल के क़रीब
पुर-सुकून[1] नजरों का क्या, आंखों के तारे भी रहे नहीं

हर वक़्त बने फिरते थे मेरे ख़ैर-ख़्वाह[2]
नज़रें भी अब मिलाते नहीं

हवाएं बदली क्या वक़्त भी बदल गया
उम्मीद किस से लगाऊं जो था वही रहा नहीं

दिल-ए-बिरयाँ[3] मैं जानूं, कैसे बताऊं क्या
दिल के जख्म दिखाऊं क्या, ठहर अभी भरा नहीं

बड़े नाज़ से पाला मेरी ख़्वाहिशों को
रुख़्सत हुए नजरों से ख़्वाहिश-ए-नफ़्सानी[4] जाती नहीं

गहरा है निशान जाते-जाते मुकम्मल जाएगी
बेशक वक़्त मरहम है हर ज़ख़्म भरता नहीं

1.शांतिमय 2.शुभचिंतक 3.जला हुआ दिल 4.जिस्मानी इच्छाएं

18. रूह भी तेरी

रूह भी तेरी बंधक हुई भूख जो तेरी बढ़ गई
बिक गया ईमान ढह गया गुरूर का दीवार भी

बीच मझ धार में भंवर का ये शोर है
वक़्त है संभल जा न रहोगे इधर के न उधर के भी

पतवार थाम ले लहरें हो रही है बावली
हवा चली है धीमी-धीमी पीछे-पीछे आ रहा तूफान भी

दुआ है गुजर जाए ये रात कयामत की
घटा छाई काली-काली उमड़-घुमड़ रहे बादल भी

ज़मीन पर शोर बढ़ रहा हलचल है तूफान का
खौफ से डरे-डरे बिखर रहे आसमां में परिंदा भी

19. बैठी वो

बैठी वो तकती रही गुज़र गए सैकड़ों क़दम
ठंड से कंपकंपा रहा उसका तन-बदन

जिंदगी की जिद्द-ओ-जहद[1] में उठ रहे हर क़दम
मुफ़लिसी[2] में वो गिने जा रही हर कदम

न रही वो गुलदस्ता न ही गुल-बदन
बेबसी रुसवा करती रही क़दम-क़दम

फरियादी बन चलते इधर-उधर मेरे कदम
गूंगे बहरे ही मिले कदम-कदम

पैरों के छाले और कैसे-कैसे दिखाऊं जख्म
ग़ैरत[3] को इल्म कहाँ ठोकर खा रही क़दम-क़दम

नज़र-ए-हिक़ारत[4] से देखता आता-जाता हर क़दम
ख़ौफ़ज़दा , सहम-सहम जाता हर क़दम

निगाह न डालें कोई मुझ पर हूँ मैं ना-महरम
नेकी कदमों तले इरादा तेरा करने का तौफ़-ए-हरम[5]

- मेहनत मशक़्क़त 2,ग़रीबी 3इज़्ज़त 4.गिरे नजर से 5.काबे की परिक्रमा

20. छुप-छुपकर

छुप-छुपकर संवरते यादें भी है बरक़रार
दिल धडकता है मगर रफ़्तार कुछ कम रही होगी

बेशक उम्र गुज़री आ खड़ा आख़िरीं मक़ाम[1] पर
ख़्वाहिशें बेचैन ही सही पुरानी तमन्ना रही होगी

दर्द-ए-जिस्म से छुटकारा मिले तो कुछ और बात करूँ
आहिस्ता-आहिस्ता निकल रही कोई कसर रही होगी

उनको समझने में हो गई उम्र तमाम
गुज़श्ता[2] हालात की कोई वाक़ि'इय्यत[3] रही होगी

उतार-चढ़ाव जिंदगी की दस्तावेज़ है वो
मजमून[4] दिल-चस्प इतनी ,शोख़ी-ए-तहरीर[5] क्या रही होगी

सुरमे की तरह आंखों में समाए हैं इस-क़दर
कुछ दिखता नहीं उनके सिवा मोतियाबिंद रही होगी

दुनियादारीअब जाकर खत्म हुई जब जाने को हुआ
ता-ज़िंदगी मसरूफ़ियत रही होगी
1. पड़ाव 2. गुज़रा हुआ 3. वास्तविकता 4. विषय 5.
शोख शब्दों का प्रयोग

21. न कुछ सुना

न कुछ सुना न कुछ कहा ठुमक-ठुमक कर चले गए
सुकून-ए-क़ल्ब[1] देने आए थे बे-क़रार कर चले गए

मिली थी पल भर को आंखें निगाह चुरा कर चले गए
पल भर को आराम रातों की नींद हराम कर चले गए

खबर मिली वो आ रहे न जाने कब आकर चले गए
दबी नज़रों से देख मुस्कुरा कर चले गए

उनकी हुकूमत मुझ पर ख़ामख़्वाह[2] बरस कर चले गए
खबर है आग लगी है मुसलसल पानी भी डाले चले गए

दिल मेरा बेवफा नहीं किसी और पर मचल जाए
दिल की ज़मीन ठहरी उनकी जिधर चाहे बसते चले गए

पलट कर तो देख लिया होता दिल यूं ही तड़पता छोड़ गए
बेरुखी अच्छी नहीं तन्हा-तन्हा छोड़ गए

बमुश्किल वादा किया पल भर में तोड़ गए
इन्हीं अदाओं से दिल-ओ-जान ले गए

बा-ख़बर[3] है जुनून-ए-'इश्क़ से बे-ख़बर वो निकल गए
वफ़ा की उम्मीद थी उनसे बे-वफ़ा वो निकल गए

- 1.दिल की शांति 2. बेवजह 3. पहले से पता होना

22. दिल गवाह है

दिल गवाह है मेरा पलट कर शहर को जो देखा
यादों की एक लंबी फ़ेहरिस्त[1] सामने बिखरता देखा

जोड़-जोड़ तिनके को नज़रों के सामने बिखरता देखा
परछाई मुमकिन नहीं हर तरफ अंधेरा ही अंधेरा देखा

दर्द ख़ुद-ब-ख़ुद बेज़ार हुआ ज़ख़्म सुबह-शाम जो देखा
मुकद्दर यूं अनजान था किस-किस राह से गुज़रता देखा

खुली आंखें दर-बदर खुद को हाशिए पर देखा
साज़िश ख़त्म करने की कलम जो तेरे हाथों में देखा

तर्बियत बेसबब नहीं आंखों में ख़ुद को दुश्मन जो देखा
क़ाबिलियत[2] का ज़िक्र क्या करना चश्म-दीद मुकरता जो देखा

मंज़िल दुश्वार बना डाला ,चमकते हौसले को जो देखा

खफ़ा-खफ़ा से हैं, मुझको अपने दरमियाँ जो देखा
1. बीती बातें 2. परवरिश

23. बिक गए सभी

बिक गए सभी एक-एक करके तू बिकता क्यों नहीं ख़रीदार बैठे हैं
बोलियाँ लग रही सर-ए-'आम[1] , ख़रीदार सर-ए-महफ़िल[2] सजाए बैठे हैं

बे-ख़बर है वो अपनी शिकस्त से 'इज़्ज़त दांव पर लगाए बैठे हैं
काश जरूरतें मेरे हक़ में दुआ करती ख़रीदार टकटकी लगाए बैठे हैं

लगा तो सही मेरे ज़मीर की बोली ख़बर तो हो क़ीमत क्या लगा बैठे हैं
बेशक माहिर है वो बाज़ार के ,नसीहत दिल से लगाए बैठे हैं

खौफ नहीं अंधेरे का अंधेरे में उजाला कर बैठे हैं
धधकते अंगारे पर बे-ख़ौफ़ जान दांव पर लगाए बैठे हैं

बेफिक्री का आलम न पूछिए मौत को गले लगाए बैठे हैं
हर कदम पर नजर उनकी दर-ओ-दीवार पर पहरा लगाए बैठे हैं

- खुले आम 2.सब के सामने

24. बे-मुरव्वत

बे-मुरव्वत[1] कमबख़्त[2] दिल मचलता ही रहा
दिल लगाने को सिर्फ तू ही नहीं नेमतें हज़ार हैं

कशमकश में उलझा दिल जद्द-ओ-जहद करता ही रहा
जल्वा-ए-हुस्न-ए-ग़ुयूर[3] सजाए बैठे बाज़ार है

चाहतों का दौर अब जाकर परवान चढ़ा
इंतजार में बे-सब्र मुस्तक़िल बेज़ार[4] हैं

ब-मुश्किल से गुज़रा दिन
शाम ढले, हुस्न-ए-गुलिस्ताँ का दीदार है

बेचैनी में उतरा चांद आहिस्ता- आहिस्ता छत पर
ऐ मिरी जाँ तू मेरी निगहबानी में जाँ-निसार[5] है

रंज-ए-उल्फ़त[6] में तेरे बेतकल्लुफ़ हुआ
तू नज़रों के सामने नजरें बे-क़रार है

निशान भारती

- 1.बेरहम 2.अभागा 3.ऐसा सौंदर्य दिखाना जिससे ईर्ष्या उत्पन्न हो 4.ऊबा हुआ

5.प्राण न्योछावर कर देने वाला 6.प्रेम-वेदना

25. वो मेरे बगैर

वो मेरे बगैर मुकम्मल कहाँ इस-क़दर जज़्ब ख़बर ही न रही
आंखें नम उनकी-रोना मुझे आया सफ़र उनकी-जारी मेरी रही

जज़्बात में तर-ब-तर ठहर-ठहर, मुड़-मुड़ वो देख रही
जाने की ज़िद उनकी इजाज़त मुझसे मांग रही

ख़्वाब आंखों में हसरत-ओ-अरमाँ सवाल कर रही
ठहर गई नज़र ,पलके झुकी की झुकी ही रही

उम्मीद लगाए बैठे इंतजार में खड़ी रही
तन्हा सफ़र बोझिल आँखें सवाल पर सवाल कर रही

मेरे जज़्बात की फिक्र कहाँ शिकायत ज़िंदगी भर रही
क़दम निकल पड़ा बग़ावत कर ख़्वाहिशें दहलीज़ पार कर रही

नाराज़गी लाज़िम है न जाने 'इल्म मुझको क्यों नहीं रही
बिखरे पुर-अरमाँ[1] दिल ज़िंदगी -ज़िंदगी न रही

क़रार-नामा उनके मेरे दरमियाँ, जिंदगी की रही
तबस्सुम-ए-ज़ेर-ए-लब [2] बयाँ कर रही अब वो मेरी नहीं रही

- 1.आकांक्षाओं से भरा हुआ 2. हल्की मुस्कुराहट

26. साहिब-ए-'उन्वान

साहिब-ए-'उन्वान[1] लिखे जा रहे क़सीदा पढ़े जा रहे
साहब के शान में हर इंतजाम किए जा रहे

लगे हैं दरबारी आला मक़ाम दिए जा रहे
शान में गुस्ताख़ी न हो हर काम किए जा रहे

सुनते कहां आजकल अपनी ही बातें कहे जा रहे
हाल-ए-दिल सुनाऊं तो किसे, हवे मे उड़े जा रहे

जिस तरफ इशारा कर दीया आंख बंद कर चले जा रहे
खाली है इस-क़दर दिमाग़ जो चाहे भरे जा रहे

पस-ए-मंज़र[2] का हाल सुनाते ही रहे
तमाशा था तमाशा-बीं थे दिखाते ही जा रहे

कहाँ से आ रहे, खबर है भी कहाँ जा रहे
कारवाँ चलता ही रहा कारवाँ बढ़ाते ही जा रहे

साहिब-ए-सुरूर[3] शान में गुस्ताख़ी किए जा रहे
तन-तन कर ख़ुश-फ़हमी[4] में जो चाहे बके जा रहे

क्या तख़्त-ओ-ताज मिला हुकूमत किये जा रहे
मुक़द्दर के सिकंदर निकले फैसला किए जा रहे

- 1.उत्कृष्ट 2.पृष्ठभूमि 3. उत्साही व्यक्ति 4.गुमान

27. चंद नाम कल

चंद नाम कल सुबह के अख़बार में आएंगे
चंद सिक्के मेरे दामन में गिराए जाएंगे

ज़बान खुलने से पहले फरमान सुनाए जाएंगे
उजियारे में दम कहां रात घर को आएंगे

हमारी पहचान अलग लिखें जाएंगे
बे-नूरी हो जब आंखों में क्या देखेंगे क्या दिखाएंगे

बज़्म-ए-दुश्मन[1] से तो बच निकला
तर्ज़-ए-तहरीर[2] कुछ और न जाने कैसे क्या दिखाएंगे

यकीन कर ले कोई यक़ीन-अंगेज़[3] मिले तो कोई
तस्वीरी-तहरीर[4] कुछ और न जाने कैसे-कैसे रंग भरे जाएंगे

स्याही भी क़लम भी उनका उँगलियाँ भी उनकी
लफ्ज़-ए-तहरीर[5] भला क्या बयाँ कर पाएंगे

- 1.शत्रु की सभा 2.लिखने का तरीक़ा 3.भरोसा दिलाने वाला 4.चित्र संकेत 5. लिखने की आजादी

28. मैं अकेला नहीं

मैं अकेला नहीं मुझ में एक हिंदुस्तान बसता है
तू समझा उड़ा ले जाएगा दिल में तूफ़ान रखता हूं

जलाए रखा हूं लौ अपनी ज़िद पर आज भी खड़ा रहता हूं
पहचान इस सर-ज़मीं से जज़्ब-ए-क़ुर्बानी आज भी रखता हूं

खरोंच कर देख लो मुझको पत्थर सा जिगर रखता हूं
डर जाऊं घेरा बंदियों से बाज़ूओं में फ़ौलाद रखता हूं

नापाक इरादों को कुचलने का हौसला रखता हूं
टूट जाऊं कच्ची मिट्टी का नहीं टकराने का माद्दा[1] रखता हूं

इस ज़मी से मोहब्बत न पूछ कितना
ख़ून का एक-एक क़तरा बहाने को तैयार रखता हूं

• 1. सामर्थ्य

29. तन मन प्यासा

तन मन प्यासा प्यासी आत्मा
तपती पावन धरती तरसे बरखा को

अश्रु झर-झर गिरता नैनन से
निहारती बोझिल मन से अंबर को

आस लगाए बैठी सूखे उपवन में
कल-कल झरने की बहते नीर को

मेघ हुआ पराया परदेसी अब
पीड़ा अथाह कण-कण को

व्यथित-व्याकुल जन-जन
गुहार लगाता निहारता इंद्र को

निराशा घोर अंधियारे का
बरखा पधारो अब घर को

30. तू खुला ख़ंजर ले

तू खुला ख़ंजर ले घूम रहा दिल धड़कता छोड़ आया
सुना है तूफान रवानगी पर घर खुला छोड़ आया

सूरज घर की निगहबानी में लगा आया
बेशक तू शतरंज मे माहिर , वज़ीर मैं अपने साथ ले आया

दिल अब धड़कता नहीं रुकने का ख़ौफ़-ए-जाँ[1] निकल आया
जा कोई और तरकीब ढूंढ ला तेरे रग-रग से वाक़िफ़ हो आया

ज़ार-ज़ार[2] हुआ ए'तिबार ख़ंजर जो तेरे हाथ में देख आया
कसमें खाई थी निगहबानी[3] की घरों का चराग़ बुझा आया

गफलत मे क्या बोलना था क्या-क्या बोल आया
मुझको ख़बर मिली मुझ पर ही कीचड़ उछाल आया

हुनर-मंद[4] तेरे अल्फाज मेरे ख़िलाफ़ ही बोल आया

तुझ पर था ए'तिमाद[5] जोड़ना था तोड़ आया

- 1.मरने का खौफ़ 2.टूट कर 3.रक्षा करने की 4.निपुण
भरोसा

31. ये दौर है

ये दौर है इससे पहले भी कई दौर थे
ख़ैर है ये दौर भी गुज़रा दौर होगा

हाय-तोबा सिर पीटकर क्या कर लोगे
मर्सिया लिखने का उनका यही दौर होगा

कलम उनकी-स्याही उनका जो चाहे रंग भर जाए
कुछ रंग बिखर जाएंगे कुछ छींटे उनके दामन पर होगा

पैरवी-ए-अहल-ए-सियासत[1] माज़ूर है आंखों से
दिमाग़ कहीं और दिल बिंदास हाज़िर होगा

अहल-ए-नज़र[2] हर दौर में बदलती रही
इस दौर में क्या खबर कुछ नया होगा

लेकर परचम बुलंद करेंगे आवाज अपनी
बेरोज़गारी , मुफ़्लिसी[3] का वो दौर होगा

- 1.राजनीतिज्ञ अनुयायी 2.दूरदर्शी 3,ग़रीबी

32. हाड़-मांस पिघल जाए

हाड़-मांस पिघल जाए कंकर-पत्थर बरकरार रहे
जलती चिता-दफन होते लोग सरकार रहे

शून्य चेतना दम तोड़ती एहसास तू-तू मैं-मैं तकरार रहे
लुटे दुनिया किसी की अपनी तो सरकार रहे

मचे तो मचे हाहाकार मेरी जय-जय कार गुणगान रहे
आसमान से टपकते रहे खून वो मिटाते निशान रहे

हाथ की लकीरें उभर कर सामने आ गई रात को दिन कहते रहे
पैमाना जिंदगी या था कारोबार लाशें दरिया में तैरती रहे

अजब है गहमागहमी ये उनकी वो उनकी टोपी उछाल रहे
मातम में डूबा पूरा शहर गड़े मुर्दे उखाड़ रहे

डूबा है जिसका सूरज बुझ गया है जिसका चिराग

न कुछ तुम्हें दिखे न कुछ हमें, हर तरफ अंधेरा रहे

सियासत लगी रही अपनी गिरेबान बचाने में
न पूछिए फ़साना[1] उनका सियह[2] रात में चांदनी रहे
1. कल्पित कहानी 2. काली

33. माँ की तस्वीर

माँ की तस्वीर ख़ामोशी से बिन पूछे ले आई
घूंघट में नम आंखों से घर की दहलीज़1 लांघ आ गई

आसमाँ पर बैठे थे ज़मी की अब जाकर ख़बर लगी
वक्त लगेगा दुनियादारी में ,चंद ख़्वाब साथ ले आ गई

एहसास-ए-ज़िम्मेदारी , आंचल में चंद ख़्वाहिश ले आई
जो था मेरा सब छोड़ आ गई

लम्हा-ब-लम्हा[2] खुद से बेख़बर हो रही सलीक़े[3] से
फिर इक नई सुबह एक नई फरमाइश आ गई

सिलसिला-ए-हादिसात [4] थमता नहीं
'अर्ज़-ए-तमन्ना[5] हीं रही उड़ने की , पर फिर कतरी गई

मेरे होने न होने का सबब क्या मैं हूं या लाई गई
लिख रहा किस्मत कोई, खिलौना हूं बाजार में सजाई गई

साफगोई न पूछिए लिपटे हैं उजले लिबाश में
आदत-ए-ज़ुल्म[6] जल्वा-गर[7] जिस्म-ओ-जाँ[8] पर मुहर लगाई गई

- 1. चौखट 2. थोड़ी-थोड़ी देर बाद 3. शिष्टता 4.यातना देने की आदत 5. इच्छा की अभिव्यक्ति 6.प्रकट 7. शरीर और आत्मा 8. घटनाचक्र

34. ले ली बहुत साँसे

ले ली बहुत साँसे जा छुप जा कहीं, है तूफ़ान आने वाला
तेरे मौत का है सामान आने वाला

कोई तरीक़ा निकाल अक्ल का घोड़ा दौड़ा
तेरे सर पर तेरे मौत का, है इल्ज़ाम आने वाला

कश्मकश[1] में इधर-उधर करता रहा चहल-क़दमी
घिर गया अपने ही चाल में अब कोई नहीं रहनुमा[2] आने वाला

ज़मानत रद्द हुई पैरवी का वक़्त भी गुज़र गया
किसका इंतजार है तुझको कोई नहीं है बचाने वाला

कुछ पल में किरदार से है तू बाहर आने वाला
रंगा है तू कई-कई रंगों में , रंग है उतरने वाला

पूरी क़ौम जुटी है तस्वीर बनाने में

तेरी तक़दीर का फैसला चन्द लम्हों में है आने वाला

• 1.असमंजस 2.रस्ता बताने वाला

35. पर्दा-नशीं

पर्दा-नशीं ख़ूब है वो डालकर मिट्टी बैठे हैं गुनाहों पर
वा'दा-ख़िलाफ़ी सीखे तो उनसे क़त्ल करते आंखों के इशारों पर

क्या-क्या छुपा बैठे हैं अपनी ही नज़रों के दम पर
खुद से बे-ख़बर खबर रहे गुफ़्तुगू भी करते हैं दबी ज़ुबान पर

शिकस्त-ए-फ़ाहिश[1] मंजूर नहीं उनको शक की नजरें हर किरदार पर
करीह-उल-मंजर[2] जो दिखने लगा यक़ीं न रहा खुद की परछाई पर

लगे रहते हैं खुद से खुद के दरमियां दीवार खींचने में
पैवंद इतने लगे हैं कि परेशान हैं खुद की तुरपाई पर

वज़'अ-ए-एहतियात[3] उनकी रोजमर्रा की आदत हुई
गुनाह-आलूद[4] इस कदर नींद कहाँ आती है इस मक़ाम[5] पर

- 1.अपमान-जनक हार 2.घृणित रूप 3.बहुत ध्यान से रहने का स्वभाव 4.पापों से भरा हुआ 5. अवसर

36. दर-दर भटकता

दर-दर भटकता कौन हूं क्या है मेरी हैसियत वक़ार है भी
या नहीं भी
सियासत अंगड़ाई ले रही मेरे इर्द-गिर्द मैं प्यादा हूं आज
भी

निकल पड़ा हूं मैदान-ए-जंग में जीत मेरी होती भी है या
नहीं भी
क़्त मुक़र्रर[1] कर दिया शिकस्त का मुझसे पूछे बग़ैर आज
भी

दूर तक पसरी हुई ये सड़क गांव की ओर जाती भी है या
नहीं भी
दम घुट जाए भी तो किसी को परवाह नहीं मेरी आज भी

कंगाली और भूख हावी मुझ पर शारे'-ए-'आम[2] रुसवा
करती ज़िंदगी भी
तेरे चमन को पसीने से सींचता रहा चौराहे पर खड़ा हूं मैं
आज भी

मजबूरियां खींच लाई शहर में पर तू मेरा हो न सका आज
भी
लौट चला हूं मैं अपनी जड़ों की ओर सड़क डराती मुझे
आज भी

मेरी पहचान मेरी मुफ़लिसी[3] से बुनियाद मेरी खोखली आज
भी
खड़ा हूं मैं धूप में कतार में हाथ फैलाए कल भी-आज भी

• 1. निश्चित 2. बीच चौराहे पर 3. गरीबी

37. जा तुझे आज़ाद किया

जा तुझे आज़ाद किया जी भर कर धड़क ले
मोहब्बत नूर-ए-जाँ[1] है वरना दिल में रखा क्या है

जा बहुत हुआ रोना-धोना पल्लू से आंसु का पोछना
हुस्न-ए-ख़याल[2] में तू है वरना ख़याल में रखा क्या है

नज़र-अंदाज़ अगरचे कर दो फिर मेरी औकात क्या है
तेरी शोख़ निगाहों मैं हूँ वरना मुझ में रखा क्या है

तुझसे ही शुरू तुझ पर ही ख़तम हूं मैं
त'अल्लुक़ात रहें ही न फिर इस दुनिया में रखा क्या है

क़ुसूर उन टहनियों का जो शाख़ से गिर गए फूल
फूलों में अगरचे खुशबू न हो गुलिस्ताँ में फिर रखा क्या है

इशारा तो कर लिया होता फ़ज़ीहत जो होती सो होती
तेरे सिवा इस महफ़िल में रखा क्या है

निशान भारती

- 1.जीवन का प्रकाश 2.विचार का सौंदर्य 3. रुसवाई

38. किराएदार ठहरा

किराएदार ठहरा ज़िंदगी का आ धमका कोई मकान पर
बंद आंखें-खुले हाथ रुख़्सत[1] हुआ ज़र-ज़मीन-ज़ेवरात पड़े हैं वहीं पर

यूं शोर-शराबा न कर मेरे क़ब्र पर लेटा हु ज़िंदगी से थक हार कर
मेरे सुकून में ख़लल[2] न डाल अब चैन से रहने दे मेरे दो दो-गज़-मकान पर

क़द्र कहां थी मेरी दिलों में हाय तौबा मचा रखा है जाने पर
एक मुद्दत[3] से रूह मोहताज[4] थी कसीदे पढ़े जा रहे हैं मेरे क़ब्र पर

कैफ़ियत मेरी तन्हाई तरस खाने लगी थी मेरे हालात पर
जा आज़ाद किया बंदिशों से ज़िंदगी जी ले अपने उसूलों पर

करवटें ब-मुश्किल बदल पाता, थे जज़्बात तरकश के तीर
के नोक पर
बे-दख़ल हो गया दुनिया से इल्ज़ाम लगाए जाएंगे अब
मुझ पर

जो कुछ था मेरा वही छोड़ आया अब सवाल पूछे जाएंगे
मेरे ईमान पर
ज़िंदगी जिद्द-ओ-जहद[5] में कटी लगाए जाएंगे अब दाग़
दामन पर

• चले जाना 2.बाधा 3.बहुत दिनों से 4.इच्छुक 5.कोशिश

39. क़ौल-ओ-क़रार

क़ौल-ओ-क़रार[1] कर लिया तुमने मिटाने का नाम-ओ-निशान
दो क़दम चलना भी तुझसे दुश्वार हुआ

साहिब-ए-वक़ार[2] सुर्ख़रू[3] है वो
मियान में रहने दे ख़ंजर , तुझ पर आज कुछ और सवार हुआ

मुनफ़रिद[4] हैसियत का मालिक ठहरा वो
नंगे पांव तू निकल पड़ा इस-क़दर ज़ेहन पर असर हुआ

शर्मिंदगी न होती कुव्वत-ए-आज़माइश[5] जो कर ली होती
खुद को माज़ूर किया बदगुमानी का यूं असर हुआ,

मातम क्यों मनाता है अपने शिकस्त[6] का
तेरी आई न कोई खबर सुबह शाम दोपहर हुआ

साहिब-ए-क़ुव्वत[7] न सही साहिब-ए-जुनूँ[8] तो हो
हमदर्द हो गई दीवारें उनकी लाख चाहे पहरा हुआ

• 1.आपस में प्रतिज्ञा करना 2.गरिमा का व्यक्ति 3.प्रसिद्ध 4.बेजोड़ 5.अपनी हैसियत परखना 6.पराजय 7.शक्तिशाली आदमी 8.उन्मादी आदमी

40. मुमकिन नहीं

मुमकिन नहीं कि तुम दिल में हो महसूस ना हो
जुस्त-ओ-जू [1]हो आग़ोश[2] ना हो

ख़्वाबों में तुम और तेरी परछाई न हो
मुमकिन नहीं दिल हो दिल लगी न हो

बेचैनी हो करवटें न हो, मय-ए-इश्क़[3] हो इंतजार न हो
लम्हों को समेट कर दीदार न हो
तुम हो वरना मेरे अल्फ़ाज़ हो न हो
मुमकिन नहीं तुम बिन ये ज़िंदगी हो न हो

मुमकिन नहीं दास्तान-ए-इश्क़[4] हो मेरा जिक्र न हो
तुम शहर में हो मेरे कूचे में गुफ़्तगू [5] न हो
तेरी आहट हो और क़दमों के निशान न हो
मुमकिन नहीं जुल्फ बिखरे हों फ़िज़ा में ख़ुशबू न हो

तेरी याद आए आंखों में चमक न हो
मुमकिन नहीं बे-रुख़ी[6] हो आँखों में अश्क-दिल में दर्द न हो

निशान भारती

- 1.कोशिश 2. आलिंगन 3.प्रेम की मदिरा 4.मुहब्बत की कहानी 5.बातें करना 6.दुराव

41. ख़ाली-ख़ाली

ख़ाली-ख़ाली सुना-सुना कुछ है भी या नहीं यहाँ
ज़िंदा-दिली[1] का क्या कहिए सुगबुगाहट[2] भी होती नहीं यहाँ

ज़बाँ[3] पर खामोशी हर तरफ छाया अंधेरा यहाँ
सूखा-सूखा आंगन क्या बरसात होती नहीं यहाँ

लब्ज़ भी हैं सहमें-सहमें निगाहों का पहरा यहाँ
सब गूंगे-बहरे हैं कोई बोलता भी है कि नहीं यहाँ

हवाओं को भी इजाज़त नहीं रफ्तार बढ़ाएं यहां
अंजुमन-ए-'आम[4] की इजाजत है भी कि नहीं यहाँ

उनको पसंद नहीं कोई आंखें मिलाएं उनसे यहाँ
क़ाइदा-कानून है भी कि नहीं यहाँ

रुत्बा-ए-बुलंद[5] है इस कदर जो जी चाहेगा करेंगे यहाँ
जहाँ-पनाह की नजर है भी कि नहीं यहाँ

- 1.हमेशा खुश 2.धीमी आहट 3.जिह्वा 4.सार्वजनिक बैठक 5.बड़ी पदवी

42. बंद दरवाजे से

बंद दरवाजे से किसी कि आह निकली
भूखा था वो आज उसकी जान निकली

कमबख़्त[1] कराहता रहा घुट-घुट कर साँस आती रही
इस-क़दर टूटा था दर्द से आवाज भी हल्क़[2] से न निकली

कौन सुने दिल की आवाज़ गहराई में उतरने का हौसला किसे
अंधेरे से डर रौशनी भी कमज़ोर निकली

दु'आएँ होती रही ज़मीन पर उतरता कुछ दिखा नहीं
शो'ला-ए-जाँ[3] जल रहा जान भी उसकी तन्हा निकली

अफ़सोस ज़ाहिर करने से लोग बाज कहाँ आते राह चलते भी
वास्ता कहां किसी से किसी का मय्यत[4] ब-मुश्किल निकली

- 1.अभागा 2.गला 3.जीवन का शोला 4.आखिरी यात्रा

43. मेरी रफ़्तार

मेरी रफ़्तार कुछ तेज रही होगी हाशिये पर धकेला गया
उड़ने की तमन्ना थी निशाने पर लेकर कतरा गया

हक़-हलाल[1] की बातें बस बातें हैं बे-वजह मुझको गिराया गया
सितारों को छूने की थी ख़्वाहिश जबरन ज़मी पर उतारा गया

होश-ओ-हवास-बाख़्ता[2] हुए रात के अंधेरे में घर से निकाला गया
कर लिया हजार मिन्नते पत्थर पर क्या लिखा क्या मिटाया गया

तक़दीर लिखने वाले चले गए ख़ामख़ाह मुझे फंसाया गया
जुर्म के निशान किसी और के कटघरे में मुझे लाया गया

फ़ज़ा क्यों बहकी रातों-रात मौसम को जाम पिलाया गया

उजड़े घर न जाने कितनों के फिर तूफ़ान को क्यों बचाया गया

उठने की लाख कोशिश की हर बार दबाया गया
जुर्म को तोड़ मरोड़ कर सर-ए-'आम[3] फंसाया गया

इम्तिहान की इंतहा हो गई नजरों से गिराया गया
उंगलियां उठने लगी मेरी तरफ कमज़ोर को ही सताया गया

डाका डाल गए खुले-'आम कोतवाल भी तेरा हो गया
ज़मीन पर पड़ा कराहता रहा क़ुसूरवार भी ठहराया गया

इस मिट्टी में मेरी रूह बस्ती जिंदा ही मुझे दफ़नाया गया
मेरी ज़ुबान फिर भी चलती रही बार-बार जलाया गया

बदनाम करना फ़ितरत उनकी मुझ पर ही आज़माया गया
तुम कहां थे उस दौर में ख़ून पानी की तरह बहाया गया

पहचान से ए'तिराज़ इस-क़दर हर हिकमत आज़माया गया
वजूद का तिलिस्म खड़ा कर सिर्फ अफ़वाह फैलाया गया

धड़कता दिल इस सर-ज़मीं के लिए तुझे भी बख़ूबी इल्म हो गया
मजबूरी समझता हूं बैठे बिठाए मुद्दा जो तेरे हाथ आ गया

पूरी पोथी पढ़ ली हमने अब जाकर काग़ज़ दिखाया गया
मेरे नाम पर स्याही पोत कर मेरे हौसले को आज़माया गया
1.जायज़ तरीक़े से 2.घबराया हुआ 3.सार्वजनिक रूप से

44. कहीं पसरी हुई है

कहीं पसरी हुई है ख़ामोशी कहीं दीवाने हैं लोग
कहीं कुम कुम-कहीं ख़ज़ाना कहीं भूखे हैं लोग

खुले हाथ ख़ैरात ही ख़ैरात कहीं तंग दिल है लोग
नफ़रतों का बाजार गर्म कहीं, कहीं मैख़ाने में मदहोश हैं लोग

सूख चुकी है आंखों में आंसू कहीं जाम से जाम टकरा रहे कहीं लोग
भूखे पेट सो गए बच्चे कहीं ,दूध की नदियां बहाते कहीं लोग

कहीं आसमा में बादल निहारते कहीं पतंग उड़ाते लोग
टपकता पसीना कहीं ऐश-आराम करते कहीं लोग

कहीं दर्द से तड़पते लोग कहीं हाल-ए-दिल सुनाते लोग
कहीं मर्सिया[1] लिखी जा रही कहीं जश्न की तैयारी में लगे हैं लोग

प्यास से तड़पते कहीं लोग कहीं रूह-अफ़्ज़ा[2] पीते लोग
कहीं प्यासी है ज़मीन कहीं जश्न-ए-बहाराँ[3] में लगे हैं लोग

- 1.शोक-गीत 2.पौष्टिक 3.वसंत ऋतु का उत्सव

45. मैं तो निकल आया

मैं तो निकल आया तैर कर जो डूब गए उनका क्या
क़िस्मत मेरी अच्छी या मेरा निगहबाँ[1] कोई और था

यूं ही हाथ पैर मारता ब-मुश्किल किनारे आ लगा
लहरें भी उरूज[2] पर थी मौसम भी कुछ और था

कुछ और न हो सका सिर्फ आंखें बंद करने के
बे-वफ़ा ज़िंदगी न थी दगाबाज़ कोई और था

वक्त रहते फैसला कर लिया था मैंने
जो न पढ़ सके मौज-ए-ख़ूँ [3] उनका मुक़द्दर कुछ और था

लाज़िमी है मेरे फैसले की हौसला-अफ़ज़ाई हो
ब-ख़ुदा मुझे इल्म न था रहनुमा[4] मेरा कोई और था

- 1.रखवाला 2.बुलंदी 3.ख़ून की लहर 4.पथ-प्रदर्शक

46. चराग़ जलाते सर-ए-बाज़ार

चराग़ जलाते सर-ए-बाज़ार दिल रौशन नहीं
दरिया-दिली न पूछिए ख़ैरात बांटते मज़हब पूछ कर

क्या चल रहा ज़ेहन में, अस्मान तोड़ने की है ठानी
ज़मीन पर गिर कर सबक़ ले लिया भी कर

तख़्त-ओ-ताज है आज कल हो न हो
ब-निगाह-ए-रहम[1] कर लिया भी कर

बचता रहा है तू वाजिब सवालों से
कभी तो गिरेबाँ में झांक खुद से सवाल कर लिया भी कर

नफ़रत का पहाड़ दिल में लिए कहां जाएगा
सादगी तेरे पोशाक में दिल बे-दाग़ कर लिया भी कर

उंगलियां किस पर उठाओगे तलाश कर लिया भी कर
किसकी है बारी ज़िंदान की ग़ौर-ओ-फ़िक्र[2] कर लिया भी कर

ज़िल्ल-ए-इलाही हुकुम की बस तामीर हो
फ़रमान लिपटे हैं खून से साफ कर लिया भी कर

नज़र-अंदाज़ कर कहां जाओगे खड़े हो ज़मीन पर
पहाड़ है तो ठीक है ज़मीन से भी बात कर लिया भी कर

- 1.करुणा की दृष्टि 2.सोचना समझना

47. जिंदगी बस यूं ही

जिंदगी बस यूं ही, मैं हूं तो क्यों हूँ
कोई मंज़िल-ए-मक़सद[1] या बे-वजह हूँ

कोई और है या मैं अपनी पहचान खुद हूँ
नवाज़िश[2] हर ने'मत[3] से फिर क्यों मोहताज हूँ

अगरचे मैं होता वाकई जो हूँ
न होता तो क्या होता अच्छा है कुछ तो हूँ

दिल में भले न हो ज़ुबान पर तो हूँ
रंज-ओ-ग़म[4] बस इतना सवाल भी इम्तिहान भी हूँ

वक्त है करना बे-दख़ल ज़िंदगी से अभी मैं हूँ
जवाब नागवार गुजरे भले सवाल मैं हूँ

बिखरे अरमान ,अपनी ही जुस्तुजू[5] में हूँ
मिल जाऊं अगर मैं पूछूं ख़ुद से किसकी तालाश में हूं

- 1.निश्चित गन्तव्य 2.कृपा 3.ईश्वर का दिया हुआ धन 4.कष्ट और दुःख 5.खोज

48. इत्मेनान रख

इत्मेनान रख बिखरेगी ख़ुशबू घिसते-घिसते
मेहनत-मशक़्क़त[2] रंग लाएगी वक्त होते-होते

ख़्वाब कामयाब हो ज़मी पर उतरना होगा
मंज़िल अगर यूं आसान होता पांव में आबलें न होते

शब-ए-फ़ुर्क़त[3] तसव्वुर[4] से तो निकल
कर हक़ीक़त से गुफ़्तगू[5] कुछ न सही सवाल तो होते

दौर-ए-जाम[6] अगरचे यूं ही चलता
बिखरें-बिखरें टूटे-टूटे मैख़ाने में पसरे होते

जान लगा तो लगा पर ठहर दिमाग़ भी लगा
मंजिल दूर ही सही निशाने पर तो होते

कौन-ओ-मकाँ की ख़्वाहिश क्या अभी तो शुरू'आत है
ग़म-ए-हयात[7] लिए ब-ख़ुदा बड़े परेशाँ रहते

इल्म-ए-हयात[8] यूं ही कहाँ मेहनत-मशक़्क़त होते
हर एक तरकीब आज़्मा,

- 2.कड़ी मेहनत 3.जुदाई की रात 4.कल्पना 5.बातचीत 6.शराब पीने का दौर 7.ज़माने का ग़म 8.अस्तित्व का ज्ञान

49. दम घुट जाए

दम घुट जाए-इंसान नहीं दिखता
बारिश का नाम-ओ-निशान[1] नहीं दिखता

आसार-ए-क़यामत[2] कई बार लुटा उजाले में
कहीं धधकती आग कहीं राख दिखता

चैन, सुकून, इत्मीनान लूटा बर-सर-ए-'आम[3]
खामोशी में डूबा शहर आंखों में वहशत[4] दिखता

बे-मुरव्वत[5] घूरती आंखें उंगलियां नोचती गोश्त
मंडराते आसमां में , ज़मीन पर गिद्धों का हुजूम दिखता

इंसान की जान का इस-क़दर सस्ता सौदा हुआ
लाशें दरिया में दरिया ख़ामोश बहता दिखता

हर तरफ अफरा-तफरी महशर[6] बरपा है
न ईमान न जज्बात इंसान ब-मुश्किल कोई दिखता

- 1.अस्तित्व 2.प्रलय के लक्षण 3.सबके सामने 4. बर्बरता 5.निष्ठुर 6.प्रलय

50. दुआ दूं बद्दुआ दूं

दुआ दूं बद्दुआ दूं गर्दिश-ए-तक़दीर[1] को क्या-क्या दूँ
मेरे मातहत[2] है ये किस-किस को सजा दूँ

ख़सारा[3] कर लिया खुद से किस-किस को हिसाब दूँ
मेरा गुनाह मेरे सर किस-किस को इल्ज़ाम दूँ

शोहरत[4] ख़ाक में किस-किस को जवाब दूँ
रक़ीबों[5] की है मिन्नतें आरज़ू , किस-किस को जाम दूँ

मिट्टी में वक़ार[6], शर्मिंदगी ख़ुद पर सवार दूँ
सवाल दागे जा रहे, किस-किस को दस्त-ए-इम्तिहान[7] दूँ

अहल-ए-जन्नत[8] के थे तलबगार, किस-किस को शहादत दूँ
तबी'अत बेचैन खुद की, किस-किस को इत्मीनान दूँ

• 1. भाग्य की चाल 2.अधीन 3.घाटा 4.प्रसिद्धि 5.प्रतिद्वंद्वी 6.प्रतिष्ठा 7.ताकत की परीक्षा 8.स्वर्ग के निवासी 9.सबूत,

51. तूफ़ान आ चला गया

तूफ़ान आ चला गया हवाओं में सुगबुगाहट जारी है
मत पूछ कैफ़ियत मेरी रात कैसे गुज़ारीं है

एक कतरा हूं लहू का उबलना अभी जारी है
ढूंढ रहा हूं खुद को संभलना अभी जारी है
गर्म लावा निकल आया तबाही अभी जारी है
क़तरा-क़तरा मेरे जिस्म का मरना अभी जारी है
बर्बादी का आलम हर तरफ बिखरना अभी जारी है
उगल दिया है ज़हर इतना जिस्म में उतरना अभी जारी है
कमजोर आंधियों से जिद्द-ओ-जहद[2] अभी जारी है
दिलो-दिमाग पर ख़ौफ़-ए-जाँ[1] अभी जारी है
उम्मीद-ए-शिफ़ा[3] दिलों-दिल में जंग अभी जारी है
जिस्म टूट कर बिखर गया सफर अभी जारी है

- 1.जान का डर 2.संघर्ष 3.इलाज की उम्मीद

52. दिल का हाल

दिल का हाल सुनाएं तो सुनाएं कैसे
ता'बीर-ए-इजाज़त[1] नहीं दर्द-ए-दिल बयाँ की

कुबूल है लहू टपक जाए मेरी आंखों से
रुसवाई न हो चाहे लाख उसने बेवफाई की

दर्द कहां छुपाऊं मंजूर है छलक जाए पैमाना
रंग-ए-बयाँ[2] जख्म भी देती तन्हाई की

कच्चे पक्के धागे सब तोड़ चली
फ़िक्र है मुझको उसकी रुसवाई की

निगाहों की ये जुगल-बंदी लफ्ज़ बे-ज़बाँ हो गए
आफ़त-ए-जाँ[3] जो उनसे दिलरुबाई[4] की

ख़्वाहिश न इज़हार-ए-'इश्क़[4] की गुंजाइश छोड़ी
इल्ज़ाम से भरे पड़े हैं लफ्ज़ गुंजाइश नहीं भरपाई की

शेरो-सुख़न (शायरी)

1.अनुमति की व्याख्या 2.कथन 3.मुसीबत 4.प्यार की अभिव्यक्ति

53. मेरी सांसे

मेरी सांसे मुझसे ही बग़ावत कर रही
धड़कने बेचैन हो, इधर उधर भटक रही

'अजीब कैफ़ियत, सांसो को गिरफ़्त में ले रही
रूह पर कब्ज़े की, जिद्द-ओ-जहद होती रही

पेशानी पर लकीरें, उभरती डूबती रही
ज्यों-ज्यों बढ़ा एहसास-ए-दर्द-ए-दिल[1], दुआएं वफा करती रही

करवटें गवाह थी, मेरी जिद्द-ओ-जहद की
चादर की सिलवटें, हर दर्द बयां करती रही

गर्दिश[2] के बादल मंडराते रहे रात-दिन
जिस्म हर गुनाह का इम्तिहान लेती रही

लौ लगा रखा था राह-ए-बराँ[3] चराग़ों से

बेवफा हवाएं भी चराग़ बुझाने पर आमादा[4] रही

कौन जला रखा था, चराग़ों को आँधियों में
हो ना हो मेरी नेकियाँ, मेरे साथ होगी रही

न पूछो क्या था बद-हवासी का आलम था
टूट रही थी उम्मीदें बुनियाद कमज़ोर होती रही

डोर थामे रहा यक़ीन-ओ-ए'तिबार[5] का, रेत फिसलती रही
अंधेरा कहीं जा छिपा, ज़िंदगी बस ज़िंदगी रही

- 1.दिल के दर्द का एहसास 2.खराब किस्मत 3.मार्गदर्शक 4.तत्पर 5.भरोसा और यक़ीन

54. वक्त था इस्ते'माल हुआ

वक्त था इस्ते'माल हुआ अब ख़ुद-मुख़्तार[1] हूं मैं
'अक़्ल पर पर्दा या कच्ची थी 'अक़्ल जब

खींच निकाल लाया पहिया धंसी थी ज़मीन में जब
मैं ही मैं था कंधे की जरूरत थी जब-जब

तैरना सीख गए वो डूबने का ख़ौफ़ रहा नहीं अब
मौजूद था वहां मैं सहारे की जरूरत थी जब

नज़र कमज़ोर हुई उनकी इज़्ज़त थी-क़द्र था जब
क्या-क्या गिनाऊं उनको याद-दाश्त ही न रही जब

रोज़-ब-रोज़ नए-नए दावे किए जा रहे हैं अब
मुकरने के नए-नए रास्ते खोजे जा रहे हैं अब

मिट्टी डाल आया हूं दूर निकल आया हूं मैं अब
धकेल कर मुझको मंज़िल से, ग़ैर-मुमकिन है अब

- 1.स्वतंत्र

55. जन्नत का ख़्वाब

जन्नत का ख़्वाब दिखा वो मेरा आज ले गया
सुनहरा आस्माँ दिखा मुझसे मेरा ज़मीन ले गया

मैं उसके भरोसे , जब कहा हाज़िर हो गया
वो मेरा रहबर[1] मेरे जिस्म से मेरा दिल ले गया

सब्ज़-बाग़[2] दिखा मुझको अंधेरे में ले गया
हाथ पैर मारता ही रहा न जाने मुझसे क्या-क्या ले गया

बे-आबरू[3] हो देखता रहा वो सामने से गुज़र गया
परवाह कहां मेरी जो चाहिए था उसे मिल गया

1.मार्गदर्शक 2.बहलावा 3.अपमानित

56. लगी बुझी हुई है आग

लगी बुझी हुई है आग इधर-उधर बिखरीं हुई है राख
वो भी क्या करें मैं भी क्या करूं दिल मजबूर है आज

कुछ उनके दिल में कुछ मेरे दिल में छुपे हैं राज़
न वो दिल खोलें न हम दिल खोलें बंद दरवाज़े हैं आज

लोग क्या कहेंगे ऐसा कहेंगे वैसा कहेंगे
न हिम्मत है न बची जज़्बात हैं आज

अपनी नहीं दिल की सुनते हैं आज
चलो मोहब्बत आज़माते हैं आज

रुसवाई न उनकी जाइज़ न हमारी
दूर-दूर से सही गिला-शिकवा करें आज

ज़ेर-ए-निगरानी[3] झरोखे-झरोखे से
चलो नज़रों से ही गुफ्तगू करते आज

निशान भारती

- 1.उचित 2.शिकवा-शिकायत 3.निगरानी में

57. बदबू फैल रही

बदबू फैल रही तेरे घर के जानिब[1]
हवाओं को कह दो रुख़[2] बदल कर चलें

कैफ़ियत[3] पर उनके मदहोशी है तारी
खबर ही कहाँ उनको किधर से चलें

कही ला-'इलाज न हो जाए बीमारी
कह दो हवाओं को नब्ज़ टटोलते चलें

मौसम बदलते देर कहाँ
जो भी क़दम हो सोच समझ कर चले

अरसे बाद वो उठे आंख मसलते हुए
भीड़ इंतिज़ार में भीड़ की ओर ही चल पड़े

शम'-ए-रहगुज़र[4],मुमकिन है रौशनी हो जाएं
क़दमों के निशान जिधर-जिधर उधर ही चल पड़े

निशान भारती

- 1.दिशा 2.रास्ता 3.दशा 4.पथ का दिया

58. मेहरबानी उनकी

मेहरबानी उनकी जो आए मेरे हुजरे में
क्या-क्या बताऊं अब , क्या-क्या हुआ

आंखों ही आंखों में झड़प
कुछ और नहीं थोड़ा बहुत प्यार हुआ

घबरा कर जो आए वो मेरे पहलू में
झिझकता हुआ मेरा कंधा रोने को तैयार हुआ

दर्द को निकाल गए बख़ूबी मेरे कांधे पर
मैं फिर तन्हा-तन्हा बेज़ार हुआ

आंसू क्या थमे खींच गए क़दम उनके
अदा वही पुरानी तबीयत भारी-भारी हुआ

ताल्लुक़ बनाकर मेरे जज़्बात से खेलते रहे
मैं बारंबार इस्ते'माल हुआ

आदत जो ठहरी उनकी मुकरने की
उम्मीद जो थी वो इस बार भी हुआ

वो है मेरे दिल के कुछ यूँ क़रीब
जैसे कोई मेहमाँ दिल में समाया हुआ

59. कौन रुका है रुक जाएंगे

कौन रुका है रुक जाएंगे , आते हैं लोग जाने के लिए
बज़्म-ए-मय[1] , आते हैं लोग पीने-पिलाने के लिए

अकड़ वही पुरानी ख़ानदानी बीमारी लिए
लुट गए वो कब के अमीरी बस दिखाने के लिए

लूटा कर कुछ बचा रखा,आख़िरत[2] में दिखाने के लिए
क़ुबूल हो न हो ग़लत-फ़हमी[3] है इत्मीनान के लिए

जोर आज़माइश भी किया तो नुमाइश के लिए
दमख़म[4] कहां रह गया रहनुमाई[5] के लिए

ग़फ़लत[6] में वो आज भी गधे पर बैठे घोड़ा समझ
न मिलकियत[7] न ही रही जाइदाद उड़ाने के लिए

- 1.शराब की महफ़िल 2.परलोक 3.भ्रम 4.मज़बूती 5.अगुवाई 6.बेख़बरी 7.स्वामित्व

60. साए में बैठे हो

साए में बैठे हो मेरे क़द्र करना तो सीख
सलीक़ा[1] आया नही मोहब्बत करना तो सीख

यूं ही ज़ुल्फ़ों को सहला कर दम भरते हो
इरादा तो इरादा वादा निभाना तो सीख

झांक लिया होता फ़ुर्सत से मेरी आंखों में
इंतजार में मेरी आंखें आंखें मिलाना तो सीख

हो गई ग़लत-फ़हमी[2] तुझे क़ब्ज़े में हूं
धड़कनों को पहचान नब्ज़ पर हाथ रखना तो सीख

माना तुम मुझको अच्छे लगते हो
मेरी तरह न सही मेरे जज़्बात से तो सीख

तुम्हारी भी जिम्मेदारी बनती है
मेरी हर अच्छी-बुरी बात तो सीख

फूलों के मौसम का इल्म बख़ूबी तुमको
शहद की ख्वाहिश रानी को रिझाना तो सीख
1.आचरण 2.भ्रम

61. मेरे सामने मेरी ही

मेरे सामने मेरी ही बोली लगने लगी
मैं यूं खड़ी बे-जान सी ज़मीन में धंसती रही

मेरे ज़मीर को कुचलकर ठहाके लगा रहा
बेबसी भी मेरी कुछ कम नहीं आंखें खुली बस देखती रही

तक़दीर मेरी कौन लिख रहा मेरी ही क़लम से
मेरी स्याही मेरे ही चेहरे पर कुछ मिटाती कुछ लिखती रही

किसे परवाह मेरी और मेरे दिली-जज़बात[1] की
तन्हा मैं और मेरी ख़्वाहिश शो'ला-ए-तन्हा[2] जलती रही

मैं हूं भी या सिर्फ एक छलावा एक तमाशा हूं
घर बाजार बना नुमाइश मुसलसल[3] होती रही

- 1.दिल की इच्छा 2.अकेली लौ 3.लगातार

62. ऐ इंसान

ऐ इंसान बता तो ज़रा हुआ क्या तुझको
आग उगलती जलती आंखें सब भूले क़ुरआन-वेद पुराण

कौन है वो जो आग की लपटों को हवा दे रहा
किसने खोल रखी है यहां वहां जज़्बात की दुकान

चंद सिक्के मुफ़ीद[1] चंद ओहदे मुबारक उनको
ख़ून ज़ुबान पर लगे हाथों से जला रहे मकान

टूटे-बिखरे इंसान मज़हब में तक़्सीम हुए
कुछ के अल्लाह हो गए, कुछ के भगवान

इंतिज़ाम पुख़्ता है गर्म लावा पिघलती रहे
राम का नाम ले-ले कर बना रहे रावण

कोशिश मुकम्मल , खौफ का साया मंडराता रहे
वुज़ू उनकी टूटी नहीं हावी हुआ शैतान

1.लाभकारी

63. यूं ही गुज़रती रही

यूं ही गुज़रती रही शाम बे-सबब तेरी-मेरी
अंदाज़ ए दर्द बयां करना न उन्हें आया-न हमें आया

वुफ़ूर-ए-मोहब्बत[1] न पूछ है लबा-लब
बाहर निकालने का सलीक़ा[1] न उन्हें आया न हमें आया

इशारों-इशारों में कुछ वो कह गए-कुछ हम कह गए
लाख कोशिश की न उन्हें समझ आया-न हमें समझ आया

कुछ टूटने का दर्द कुछ सँवरने की खुशी
लम्हों को समझने का हुनर न हमें आया-न उन्हें आया

इज़हार-ए-मोहब्बत[2] बयां करने का सलीक़ा[3]
ये हुनर[4] न उन्हें आया-न हमें आया

मचलते अरमान को न वो छेड़ पाए न मैं छेड़ पाया
रिवाज-ए-इश्क़[5] न वो समझ पाए-न मैं समझ पाया

बंधे थे कई बंधनों में खयाल था रस्म-ओ-रिवाज का
दहलीज़ न वो लाँघ पाए न मैं लाँघ पाया

अंगड़ाइयां ले रही फ़र्त-ए-जज़्बात[6] पिघल अंदर ही अंदर
गर्म लावा, कुछ उन में समाया कुछ मुझ में समाया

- 1.प्यार की प्रचुरता 2.प्यार जताना 3.तरीका 4.कला
- 5.प्यार करने का तरीका 6.भावना की अति

64. वो हाथों से

वो हाथों से फिसलती रही रेत की तरह
शरमाई सी जाम हलक़ में उतरती रही

तसव्वुर[1] में क्या उतर आई वो दिन ढले
यूं ही हमसे कतराई-कतराई सी उम्र गुजरती रही

हम-सफ़र ख़्वाब में ही रहे हर वक्त
किनारे-किनारे ही मेरी कश्ती-ए-दिल[2] चलती रही

न डूबने का ख़ौफ़ न किनारे आने की खुशी
यूं ही कश्मकश[3] में जिंदगी गुज़रती रही

- 1.कल्पना 2.दिल की नाव 3.दुविधा

65. न पैदाइश न वफ़ात

न पैदाइश न वफ़ात[1] की क़दर
रोते-चिल्लाते आए ख़ामोशी से जनाज़ा उठाई गई

महदूद[2] कर दिए गए अपने ही नज़रों में
ब-क़ैद-ए-हयात[3] रहते जिंदगी अंधेरे में गुज़ारी गई

अहल-ए-जहाँ[4] इस जानिब देखते कहां
सरसरी-नज़र आई भी गुज़र भी गई

इस-क़दर ख़ौफ़ मेरी ज़ुबान की
बोलने की इजाज़त दी कहाँ गई

इक मुद्दत से दीवारें खड़ी कर रहा
ता'मीर हुई नहीं गिरा भी दी गई

उनके हक़ में है मेरी बुज़दिली
हर तरफ से पहरा लगाई गई

नसीहत[5] की ढेर लगी पड़ी
खुद पर कभी न आज़माई गई

आज़्मा न तू मेरे क़ुव्वत-ए-बर्दाश्त[6] को
जज़्बा न पूछिए गए वो दिन रातें भी गई

1.मृत्यु 2. सीमित 3.जीवन में 4.दुनिया के लोग 5.परामर्श 6.सहन-शक्ति

66. जो हल्की सी

जो हल्की सी आहट लगी उनकी
सरसरी निगाहों से टटोल आया

दिल तो दिल बावला हुआ मैं
बेख़ुदी[1] में दूर तलक निकल आया

उनकी दबी-दबी सी आवाज़ जो आई
मैं भी अश'आर-ए-दर्द[2] सुना आया

झलक दिखला वो अपनी गुम हुई
बेकसी-ए-'इश्क़[3] में यहाँ-वहाँ देख आया

कुछ-कुछ खबर है हौले-हौले सुलग रही
मैं भी कम कहां आग लगा आया

देखती रही ख़ुश्क-ख़ुश्क निगाहों से
जलने-जलाने का मैं भी मजा ले आया

- 1.अपने आपे में न रहना 2.दर्द की कहानी 3.प्यार में लाचारी

67. उर्दू सुब्ह की शबनम

उर्दू सुब्ह की शबनम[1] रूह को गुदगुदा कर चली जाए
कोई ख़ूबसूरत हसीना गुलाल लगाकर चली जाए

अंजान रस्ता-अजनबी आवाज़ कशिश पैदा कर जाए
सुकून-ए-क़ल्ब[2] की आग़ोश में ले चली जाए

जज़्बात की हलचल की नुमाइंदगी[3]
लफ़्ज़ की लज़्ज़त जो लगी ज़ुबाँ से मोहब्बत हो जाए

बे-सब्र दिल बेचैन आंखें कानों पर मेहरबाँ हो जाए
मुमकिन बेशक मुमकिन है बस ज़ुबान उर्दू हो जाए

- 1.ओस 2.दिल की शांति 3.प्रतिनिधित्व

68. अज्दाद छोड़ गए

अज्दाद[1] छोड़ गए चंद ज़मीन के टुकड़े
उलझीं है पीढ़ियां बटवारा करें तो करें कैसे

महफ़ूज़ था दिलों में इहतिराम उनका
बदली हवा बदले मिज़ाज भी कैसे-कैसे

बे-जान ज़मीं भी कुछ कर गुज़रने को है
'इज़्ज़त लगी दांव पर महफ़ूज़[2] हूं न जाने कैसे-कैसे

जुंबान जज़्बात सब बहके-बहके
तरकश से तीर निकल रहे न जाने कैसे-कैसे

ज़मी खुद बटी तो बटी दिलों को भी बाट गई
देखना है ज़मी कीचड़ उछालती कैसे कैसे

ख़बर है ज़मी को रिश्ते लगे हैं दांव पर
ज़मी अपनी अहमियत पर इतराती है कैसे-कैसे

- 1.पूर्वज 2.सुरक्षित

69. तू जो बे-तहाशा

तू जो बे-तहाशा[1] भागा जा रहा
तुझ पर कुछ सवार है या तू किसी पर सवार है

रफ्तार तेरी इतनी तेज कहाँ से कहाँ जा रहा
संभल तो जरा-सांस तो ले, तेरे अपने दर-ओ-दीवार है

रफ्तार पर लगाम लगा जो तेरी इतनी रफ्तार है
देख ले रुक कर इधर-उधर तेरी ही सरकार है

वक्त है, संभल जा हवाएं बदल रही
उस रस्ते पर तूफान को तेरा ही इंतिज़ार है

माना कि तेरे बागा में मौसम-ए-बहार है
पतझड़ को भी तेरा बे-सब्री[3] से इंतिज़ार है

• 1.अंधाधुंध 2.अपेक्षा 3.अधीरता

70. बद-हवास

बद-हवास छत से उतर लिपट गई
आंसुओं के सैलाब में तर-ब-तर कर गई

क़दम वहाँ-वहाँ पड़े जिधर-जिधर से वो गुज़र गई
दर्द भले उसका दिल में मेरे उतर गई

रंग-ए-हसरत[1] लिए बे-ख़ौफ़
जोश-ए-'इश्क़[2] लम्हे-लम्हे को तरस गई

जिस्म दर-ओ-दीवार तोड़
गले लगे इस-क़दर सुकून उनको मुझको भी मिल गई

शम-ए-फ़िरोज़ा[3] दिल रोज़-ए-रौशन[4] हुआ
शम'-ए-अंजुमन[5] वन बे-मौसम बरस गई

- 1.अभिलाषा का रंग 2.मुहब्बत का जोश 3.जलता हुआ दीप
- 4. सुबह, दिन का उजाला 5. महफ़िल की रौनक़

71. आंसुओं को

आंसुओं को दुपट्टे में डुबोया जा रहा
दर्द छलक-छलक बाहर आए जा रहा

क्या दिखता है क्या दिखाया जा रहा
न जाने क्या-क्या छुपाया जा रहा

दर्द बढ़ता-बढ़ता नासूर बना जा रहा
क्या पूछूं क्या-क्या बताया जा रहा

न कुछ बदला है न बदला जा रहा
ज़ुल्म-गुदाज़ी[1] से हाथ मिलाया जा रहा

बंद कमरे में क्या-क्या गुल खिलाया जा रहा
आंसुओं को छुपा बेवजह मुस्कुराया जा रहा

• 1.अन्याय

72. होश-ओ-हवास

होश-ओ-हवास खो बैठे हैं पीकर शराब
ख़ुशियाँ आई या गम का कोई आया था सैलाब

गटक कर प्याला अब आए हैं खुल-कर जनाब
शराब से धुले अब हर सवाल का देंगे सही जवाब

हक़ीक़त से दूर , खुली आंखों से देखते ख़्वाब
चाल न पूछो इनकी जागीरदार से हुए नवाब

गई दो चार बूंदे क्या अंदर लेकर साथ में कबाब
अकड़ते ऐसे , राह चलते झाड़ते रुबाब

शाम ढले मयख़ाना को निकले जो मिला अस्बाब
जाम से जाम टकरा कर भूले सारे पुराने हिसाब

• 1.सुधबुध

73. आंखों में इक़रार-नामा

आंखों में इक़रार-नामा पलके झपकती नहीं
सितम-अदाई[1] यूं ही जारी रही पेशानी[2] पर शिकन[4] नहीं

देख कर नज़र-अंदाज़ , अदा मुझको भाती नहीं
दीदार को तरसते रहा वो आहें भी भरते नहीं

वा'दा-ख़िलाफ़ी कि नहीं वो वा'दा निभाते नहीं
हसरत-ए-दीदार[5] दम तोड़ती यूं ही नहीं

आबाद थी मेरी आंखें अगर कतराते यूं ही नहीं
अरसा हुआ मुलाक़ात को मक़ाम-ए-गुफ़्तगू[3] ही नहीं

न ख़्वाहिश न कुछ और की तमन्ना ही नहीं
दिले आरजू करें भी तो क्या जब तू ही नहीं

मिन्नतें कर-कर 'आजिज़ हुआ वो है कि मानते ही नहीं
तड़पाना मुझको ये उनकी शरारत तो नहीं

• 1. सितम ढाना 2.ललाट 3.बातचीत की जगह 4.चिंता 5. देखने की अभिलाषा

74. ज़ुल्म-ए-सरीह ज्यों-ज्यों

ज़ुल्म-ए-सरीह[1] ज्यों-ज्यों बड़ा हौसला बढ़ता गया
जोड़-जोड़ ईट हिफ़ाज़त में दीवार खड़ा करता गया

न ख़बर रही न यक़ीं[2] हुआ दरवाज़े तलक आ गया
मेरी दहलीज़ पर खड़ा मुझ को ही धमका गया

बरसों की थी त'अल्लुक़ात[3] आज अपनी औक़ात दिखा गया
किसे था अम्न-चैन[4] से ख़तरा कौन चिंगारी लगा गया

सर-ए-बाज़ार[5] कामयाब हुआ बे-ख़ौफ़ दरार डाल गया
बदले-बदले से अंदाज़-ए-गुफ़्तुगू[6] वो यूँ बदल गया

- 1.खुल्लम खुल्ला अत्याचार और ना इंसाफ़ी 2.विश्वास 3.सम्बन्ध 4.सुख-शांति 5.बीच बाज़ार में 6.बात करने का तरीका

75. न तू कभी मेरे मियान

न तू कभी मेरे मियान में न मैं तेरे मियान में
मे'यार[1] तेरा भी गिरा मेरा भी

जज़्बात ज़ुबान को चीरती निकली निशाने पर
रही होगी ख़ता कुछ उनकी भी कुछ मेरी भी

हर बात-बे-बात पर खड़े होते तन कर
उनकी सुनो तो चित भी उनकी पट भी

बातों को कुछ इस तरह खींचते बेसबब[2] बे-वजह
कहां छोड़ते पैरवी और जिरह की गुंजाइश भी

रस्सा-कशी यूं ही चलती रही ता-ज़िंदगी[3]
लाख दरारे ही सही मौजूद है ख़्याल भी-प्यार भी

ख़फ़ा क्या हुए मुंतज़िर[4] रही मेरी नजरें
हूर[5] की हो जो ख़्वाहिश कुबूल हो 'अदावत[6] भी

फ़ेहरिस्त लंबी है मेहरबानी-नाफ़रमानी[7] की
उन से शुरू उन पर ही खत्म, बदज़बानी[8], वफा, आरज़ू,
लुत्फ़, गिला भी

- 1.गरिमा 2.बिना कारण 3.जिंदगी भर 4.राह देखने वाला 5.परी 6.दुश्मनी 7.बात ना मानना 8.कड़वी बोली

76. 'इश्क़ यू ही बदनाम

'इश्क़ यू ही बदनाम 'इश्क़ न होता बेरंग होती दुनिया
गुल-गुलिस्ताँ ये आसमां इन सितारों का क्या होता

'इश्क़ ख़ुद बीमार बीमारी भी, 'इलाज भी
हम न होते तो भला इस कमबख़्त इश्क़ का क्या होता

'इश्क़ अधूरा-अधूरा न मुकम्मल तुम न हम होते
ठंडी-ठंडी आहें भरता या रो-रोकर जान दिया होता

बेताबी-बेशर्मी रही-सही कसर 'इश्क़ ने पूरा किया
अच्छा होता अगरचे मेरे दिल का कुछ हुआ होता

वफा किसी और से 'इश्क़ फरमा रहे किसी और से
काश मैं भी कोई ऐसा माजरा-ए-दिल[1] देखा होता

लुत्फ़ भला क्यों ना आए चासनी में डूबी हो जब उंगलियां
गर्म-गर्म ही सही मजा क्या जो ठंडा होता

ज्यों-ज्यों अरमान जगे हसरतें अंगड़ाइयाँ लेने लगी
दास्तान-ए-'इश्क़[2] से तो अच्छा दर्द-ए-'इश्क़[4] होता
1.हृदय की व्यथा 2.मुहब्बत की कहानी 3..प्रेम रोग

77. धड़कनों को तेज

धड़कनों को तेज करना उनकी आदत में शुमार है
वो भी करें क्या दिल से मजबूर-ए-महज़[1] है

फ़क़त उनकी मौजूदगी छा रहा सुरूर है
ख़ामोशी ये तन्हाई का आलम जारी ब-दस्तूर[2] है

कौन सितमगर कौन गुनहगार
भला क्यों परवाह करे मोहब्बत जब बेशुमार है

ख़बर ही कहाँ किस कदर ज़ेहन पर तू सवार है
दिल-ओ-दिमाग़ पर छा रहा अजीब सा ख़ुमार है

क्या तू है क्या तेरा किरदार है
तू है तो बस दिल का मेरे करार है

1. पूरी तरह से असहाय 2. यथावत्, 3.महत्व

78. वो जुनूँ के हद तक

वो जुनूँ के हद तक चले गए दिली-आरज़ू[1] में
ब-मुश्किल लौटे तो हाथ न आया कुछ आज भी

ज़िद थी उनकी कोहीनूर लाने की
लौटे तो न आई फूटी कौड़ी हाथ आज भी

जिम्मेदार ठहराना था ठहराई किस्मत को
लौट चलूँ सोंचा मुफ़्लिसी[2], भूख ,बद्हाली याद आई आज भी

तंज भरे ज़ख़्म ताज़ा है दिलों में आज भी
घर को लौटने की दहशत में जी रहा आज भी

उम्मीद में बैठे है मेरे लख़्त-ए-जिगर[3] आज भी
ज़िंदगी का क्या करे पीछा करता था कल भी आज भी

- 1. तीव्र लालसा 2.दरिद्रता 3.जिगर का टुकड़ा

79. मर्ज़ यूं ही ला-'इलाज

मर्ज़ यूं ही ला-'इलाज हुआ ज्यों-ज्यों दिल जवाँ हुआ
हुस्न,शबाब, ख़्वाब सब के सब जुनून[2] हद से पार हुआ

हुस्न[3] मदहोशी की दवा भी मर्ज़ भी 'इलाज भी हुआ
बे-लगाम दिल की बगावत बागी दिल मुझसे हुआ

बेसब्र धड़कने मेरी धड़क-धड़क बेज़ार हुआ
दिमाग़ अठखेलियां लेता दिल क़दमों में गिरा हुआ

दिलों की ज़ोर-आज़माईश में कब किसे परवाह हुआ
कैफ़ियत-ए-दिल पूछना क्या उनका था जो मेरा हुआ

जिद्द-ओ-जहद[5] लंबी चली दिल गिरफ़्तार हुआ
असर ही कुछ ऐसा जो कुछ मेरा था उनका हुआ

- 1.यौवन 2.दीवानगी 3.सौंदर्य 4.हृदय की अवस्था 5.प्रयास

80. वाक़ई आप

वाक़ई आप शर्माते बहुत हो
नज़र मिलाने से बाज आते भी कहां हो

आदत में शुमार[1] हो चली आपकी तबीयत
बेताब हो आंखें मिलाने को, घबराते भी बहुत हो

यूं ही लुतफ़ लेते रहोगे इशारों-इशारों में
क्या दबा रखा है दिल में बताते भी कहां हो

बे-तकल्लुफ़[2] अपने ही किरदार में
परहेज़ भी, रोज़-ब-रोज़ आते-जाते भी हो.

ज़ुबान कुछ और आंखें कुछ और कहती
लगा रखी पाबंदी खुद पर मोहब्बत जताते भी हो

सुना है शिद्दत[3] से मेरी तलाश रहती है उनको
दिख जाऊं तो नज़रें चुराते भी हो

• 1. शामिल 2.निःसंकोच 3प्रबलता

81. जिस मिट्टी से

जिस मिट्टी से कतराते थे जनाब
सुकून की नींद दो गज ज़मीन वहीं मिली

ज़िंदगी भर दौड़ते रहे इधर से उधर
थक-हार कर बैठे तो अपने गांव की मिट्टी मिली

सोंधी-सोंधी ख़ुशबू वो मिट्टी का अपनापन
खींच लाई उनको बेसबब जहां अपनी मिट्टी मिली

जड़ से कट कर बिखर गए दूर-दराज़
देर ही सही आख़िरी वक़्त में अपनी मिट्टी मिली

शोहरत[1], धन-दौलत से भर गया जी भरा नहीं
तलाश-ए-सुकूँ[2] भी ख़त्म हुई जब अपनी मिट्टी मिली

- 1.प्रसिद्धि 2.शांति की तलाश

82. रुख़सत क्या हुआ

रुख़सत क्या हुआ हुजूम इकट्ठा हुई ख़ैर-ख़्वाहों की
क़ब्र पर खड़े आज वो मेरे रस्म अदायगी की

गुफ़्तगू है ब-दस्तूर[2] जारी , ख़ैरियत ले रहे अहल-ओ-'अयाल[1] की
सोने दे चैन से कमबख़्त यहां गुंजाइश नहीं ख़लल[3] की

छोड़ गए थे मेरे हाल पर ज़रूरत कहां अब मरहम की
आए जो आते नहीं जनाज़े[4] में कमी न थी कन्धो की

जो मेरे बर्बादी के सबब दुआ कर रहे जन्नत की
खड़े हैं मेरे क़ब्र पर भला क्या जरूरत अब दुआओं की

आंखें बंद होते ही खबर आई आँसू यहां-वहां गिरने की
नजरें चुराया करते थे जो बोसा[5] ले रहे हैं मेरे क़ब्र की

मुन्तज़िर[6] ही रहे ताजिंदगी[7] मैं गया उनकी खबर है आने की
सपुर्द-ए-ख़ाक[8] कर कदम बढ़ चले तलाश एक नई क़ब्र की

- 1.घर के लोग 2. लगातार बातचीत 3.व्यवधान
- 4. अर्थी 5.चूमना 6.इंतिजार करनेवाला 7.पूरी जिंदगी 8.दफ़्नाना

अध्याय83

लाश था जिंदा था मैं
आकर उसने जगाया मुझको

होश अब भी न है होश तब भी न था
आकर उसने कफ़न ओढ़ाया मुझको

जिंदा लाशों के शहर में
फरियादी बमुश्किल मिला मुझको

टूटती सांसों पर मेरे कहकहे लगा गया
इस कदर नज़र-अंदाज़ कर मुझको

नफरत का जाल बिछा तलाश है शिकार का
दर पर मेरे आ गया शैतान समझ मुझको

दुनिया से रूबरू करा रहा है मुझको
आखिरत की दुहाई दे दे कर मुझको

गुमराह जज़्बात उसके इस कदर
खुद के रंग में रंग डालने पर आमादा है मुझको

84. सर्द हवाओं का

सर्द हवाओं का क़हर दर्द अभी बाकी है
कँपकँपा जमा देने वाली हवाओं का आना बाकी है

भूखे नंगों के शहर में मौत आनी बाकी है
ख़िदमतगार दिखते नहीं लूट-खसोट अभी बाकी है

थरथराते लब-ए-ख़ुश्क[1] से खून आना बाकी है
वहशी-ख़िसाल[2] शहर में गोश्त नोचना बाकी है

हाथ उठाए निकल पड़े सर झुकाना बाकी है
किस-किस की झोली भरती देखना अभी बाकी है

निकल पड़े थे सब के सब जिंदा कितने बाकी है
सर्द हवाओं से बच भी जाए गर्म हवाओं से बचना बाकी है

खुला आसमा मिल गया , छत आनी बाकी है
खुशियां तो आई नहीं घर को आंसू आनी बाकी है

1.सूखे होंठ 2.जिससे डर पैदा हो

85. गुफ़्तगू में

गुफ़्तगू[1] में नशा कम ख़लिश[2] है ज़्यादा
बदले बदले से है वो आज

ज़मीन पर पांव टिकते नहीं
बिंदास लहज़ा बहके-बहके से है वो आज

खोने का ग़म या मिलने की ख़ुशी
क्या-क्या किस-किस से छुपाएंगे वो राज

चेहरे पर चमक आंखों में कैसा है दर्द
कई रंग चढ़-उतर रहे हैं आज

बेबाक़ अंदाज शोख़ नजरें
चेहरे का रंग उतर-चढ़ रहा है आज
1. बातचीत 2.गलतफहमी

86. मैं कुछ और हूं

मैं कुछ और हूं तू कुछ और गिला-शिकवा[1] क्या
जिस रस्ते पर तू उस रस्ते पर मेरा आना-जाना ही नहीं

क्यों उलझता है तू मुझसे बे-वजह- बेसबब
पहचान तो बता अपनी तुझको मैं जानता ही नहीं

तू किसी और मिट्‌टी का बना मैं किसी और मिट्‌टी का
तुझ से उलझने का मेरा कोई इरादा ही नहीं

मेरे सब्र का इम्तिहान न ले
जा कहीं और सर टकरा, मेरा आज दिल ही नहीं

ख़्वाहिश-मंद[2] है तू पर बता ख़्वाहिश तेरी है क्या
बिला-वज्ह[3] मैं ख़ैरात[4] देता ही नहीं

मेरे दर पर चला आया ही है अगर तू
दुश्मनी वहीं छोड़ आ वरना इजाज़त ही नहीं

1.शिकवा-शिकायत, 2.इच्छुक 3.बिना कारन 4.दान

87. बहर-कैफ़

बहर-कैफ़ आया हूं तो कुछ छोड़ कर जाऊं
मेहमान हूं फ़र्ज़ अदा कर जाऊं

ज़मीन-जाइदाद छोड़ते हैं सभी
सोचा कुछ और छोड़ कर जाऊं

कश्मकश[1] में जिद्द-ओ-जहद[2] होती रही
गर्म-ए-'अमल[3] रहा तर्बियत[4] क्या कर जाऊं

न पूछिए तहज़ीब-ए-अख़लाक़[5] , माशा-अल्लाह
सोंचा कुछ कर जाऊं पर क्या नाम कर जाऊं

रुख़्सत[6] होकर भी मक़्बूल-ए-'आम[7] मौजूद रहूँ
जी चाहता है कुछ ऐसा-वैसा कमाल कर जाऊं

लूटता रहा उनको उनसे मिलकर ता-जिंदगी
भला किस मुंह से अब उनके करीब जाऊं

दुनिया-ओ-आख़िरत बिगाड़ रखी
न कुछ यहाँ न वहाँ क्या खाली हाथ जाऊं

• 1.असमंजस 2.दौड़-धूप 3.कार्य करने में तल्लीन
• 4.शिष्टाचार की शिक्षा 5.नैतिक आचरण
• 6. चले जाना 7. लोकप्रिय

88. तुमने क्या देखा

तुमने क्या देखा फूलों की तरफ
फूलों पर तेरी तस्वीर उतर आई

जर्रा-जर्रा चमन का मदहोश हुआ
ज़मीन पर जो तू उतर आई

कलियाँ मुरझा रही हुस्न-ओ-शबाब[1] देखकर
हर एक चमन की रंगत तुझ में उतर आई

शोख़-अदाओं को जो तुमने सर चढ़ा रखा
आंखों से तू जिस्म-ओ-जाँ में उतर आई

तेरे क़दम ज़मीं पर क्या पड़े मौसम भी बदलने लगा
आसमां भी न जाने क्यों ज़मीन पर उतर आई

तेरा आना ही मौसम-ए-ख़िज़ाँ[2] मौसम-ए-बहार हुआ
जुल्फों को क्या लहराया काली घटा उतर आई

संभल कर क़दम रख बिखरें पड़े हैं अरमाँ दिल के
ए बे-ख़बर दिल पर कदमों के निशान उतर आई

तेरे आने की अफवाह जो फैली मैख़ाने में
नशा आशिक़ मिज़ाजों की उतर आई
1.सुंदरता और यौवन 2.पतझड़

89. उनकी सूरत

उनकी सूरत ज़ेहन[3] से न जाने क्यों जाती नहीं
जादूगरी का कमाल या दिल हो मेरा बीमार

नब्ज़ दिखा आया धड़कनों को भी गिना आया
किसी को ख़बर नहीं मुझ पर क्या हुआ सवार

इस कदर पैवस्त[1] हैं रगों में दौड़ते हैं लहू बन
न पूछ कैसे गुजरी है रात जारी है शब-ए-इंतिज़ार[2]

घूर-घूर देखे हैं ज़माना मैं कोई सरफिरा नहीं
जिंदा है मरा नहीं, यक़ीन-ओ-ए'तिबार

किसको सुनाऊं हाल-ए-परेशाँ सब कहे बावला है तू
दिली-कैफ़िय्यत[4] पूछ-पूछ हंसता है पूरा शहर

वो आंखों में मेरे न जाने क्यों ढूंढ रहा सारा जहाँ
न वो लैला न मैं मजनूँ दिल धड़कता क्यों ज़ार-ज़ार

• 1. समाया हुआ 2.वो रात जो किसी के अंज़ार में कटे
• 3.मन 4.दिल की भावना

90. बे-वजह तस्वीर

बे-वजह तस्वीर छप जाती है उनकी
कह दो उनको न झांके आंखों में मेरे

तेरा सामान अगर मेरे घर से निकला
चोरी का इल्ज़ाम सर आएगा मेरे

कह दो उनको जुल्फ न लहरायें सर-ए-'आम[1]
तूफान आने को है घर को मेरे

कह दो उन को शोख़-अदाएं[2] काबू में रखें
इबादत में आ रही खलल मेरे

ख़्वाहिश-ए-नफ़्स[3] पर भरोसा रहा नहीं मेरा
ख़ामी[4] का फायदा उठाने चले आए है वो मेरे

उनकी शरारत और मेरी जान पर बन आई
कह दो नज़रों को पलकों में रहे मेरे

- 1.सार्वजनिक रूप से 2.अंदाज़ में चुलबुला पन्न हो 3.जिस्मानी इच्छाएं 4.कमज़ोरी

91. माँ समझ थी कच्ची

माँ समझ थी कच्ची मेरी मुश्किलों से जब तू दो-चार थी
आसमाँ में उड़ता रहा ज़मीं जब लाल थी

हस्ब-ए-हैसियत[1] न कुव्वत[2] थी मेरी
जिंदगी से जब तू बेहाल थी

लड़कपन था मेरा या नादानी थी मेरी
सुलग रही आग अपने ही दरमियान थी

ज़ुल्म-ओ-सितम कि पर्दा-दारी[3]
समझता रहा आंखें यूं ही लाल थी

खुली है आंखें जब सियह-रात[4] गुजर गई
वरना कहां किसकी मजाल[5] थी

जिंदगी इम्तिहान लेती रही रोज़-ब-रोज़
मां शर्मिंदा हूं ,बेखबर था मैं जब तू बेहाल थी

- 1.सामर्थ्य के मुताबिक़ 2.सामर्थ्य 3.पर्दा डालना 4.अमावस की रात 5.साहस

अध्याय92

ख़ुश्क[1] हुई रंगत आंखों में वो चमक रही नहीं
दिल भी धड़कता है पर बेतहाशा नहीं
असर धीमा कुछ जरूर पड़ा
ज़हर उगलने की आदत पर गई नहीं
माज़ी[2] के उनके कारनामे न पूछिए तो अच्छा
जवानी की आदत अभी गई नहीं
उम्र के इस मक़ाम पर जवानी ठहर गई
बड़े बे-आबरू[3] ,आंखें मिलाने से बाज़ आते नहीं
इज़्ज़त-ओ-एहतराम[4] बेशर्मी से जाया कर रहे
बद-ख़्वाब[5] जाने क्यों उनके ज़ेहन[6] से जाती नहीं
पूछे हैं सब मुझसे मैं क्या बताऊं अक़्ल किधर गई
उम्र की ज़मीं खिसक गई उनको खबर ही नहीं

- 1. मुरझा हुआ 2.गुज़रा हुआ 3.अपमानित 4.मान सम्मान 5.बुरा ख़ाब 6.ख्याल से

93. ख़ुश्क हुई रंगत

ख़ुश्क[1] हुई रंगत आंखों में वो चमक रही नहीं
दिल भी धड़कता है पर बेतहाशा नहीं

असर धीमा कुछ जरूर पड़ा
ज़हर उगलने की आदत पर गई नहीं

माज़ी[2] के उनके कारनामे न पूछिए तो अच्छा
जवानी की आदत अभी गई नहीं

उम्र के इस मक़ाम पर जवानी ठहर गई
बड़े बे-आबरू[3] ,आंखें मिलाने से बाज़ आते नहीं

इज़्ज़त-ओ-एहतराम[4] बेशर्मी से जाया कर रहे
बद-ख़्वाब[5] जाने क्यों उनके ज़ेहन[6] से जाती नहीं

पूछे हैं सब मुझसे मैं क्या बताऊं अक़्ल किधर गई
उम्र की ज़मीं खिसक गई उनको खबर ही नहीं

- 1. मुरझा हुआ 2.गुज़रा हुआ 3.अपमानित 4.मान सम्मान 5.बुरा ख़ाब 6.ख्याल से

94. नम आंखें हुई

नम आंखें हुई फ़ज़ाओं कि ,आसमां हुआ सुर्ख
ये क्या कर दिया दिल का ज़ख़्म कुरेद कर

जाना ही था एक रोज़ उम्मीद-ए-वफ़ा[1] क्यों जगाई
मोहब्बत से भरा था दामन छोड़ गए फरेब कर

सुला दिया था जिसे ख़ामख़ाह[2] जगा दिया
बहार[3] अब रहा नहीं आए भी तो इतनी देर कर

छोड़ गए वो मुझको मरा समझ
दिल तब भी धड़क रहा था जब गए वो मुझको छोड़ कर

न जाने वो मुझमें क्या ढूंढ रहे
मैं खुली किताब , छोड़ गए आधा-अधूरा पढ़ कर

वो क्या रुख़्सत[4] हुए आंखों से रंग-ओ-नूर[5] भी गई
वो गए भी तो कुछ इस तरह जख्म पर नमक डाल कर

निशान भारती

1.वफ़ा की आस 2.बेवजह 3.वसंत ऋतु 4.जाना 5.सुंदरता

निशान भारती

95. सुलझ गया तो

सुलझ गया तो अच्छा है फ़ासला थम गया तो अच्छा है
दूरियां बढ़ी तो ख़ामख़ाह दरार का सबब[1] होगा

फिर वो भी आएंगे मैं भी आऊंगा,
हर बात खुलेगी शर्म का सबब होगा

गड़े मुर्दे भी उखड़ेंगे कीचड़ भी उछलेंगे
हर बात पर कुछ उनका कुछ मेरा सबब होगा

मुफ़ीद कुछ मेरा कुछ उनका इसी बात पर हर बात होगी
गुफ्तगू जो खींची लंबी हर बात पर ज़िरह का सबब होगा

हां में हां मिलाए जाएंगे हर बात पर टांग भी अड़ाए जाएंगे
बात बनते-बनते बिगड़ने का सबब होगा

कुछ उनकी दर्ज हुई शिकायत कुछ हमारी
बात जहां से शुरू वहीं आ खत्म ज़िद सबब होगा

निशान भारती

• 1. वजह

96. वो सर से ले

वो सर से ले पांव तक हुस्न-ए-ला-ज़वाल[1] हैं
हुस्न-ओ-जमाल[2] न पूछे कोई गिरते हैं राह चलते लोग

रश्क-ए-हूर[3] क्यों न हो जब बे-मिसाल हो कारीगरी
ख़ुमारी[4] न पूछिए बिन पिए बहकते है लोग

रौनक बढ़ गई चेहरों की गलियां हुई गुलज़ार
बेवजह हाल-चाल लेने आने-जाने लगे हैं लोग
फ़क़त[5] दिल-जू [6] हूं मैं दिलरुबा है वो
एक वक़्फ़ा[7] हुआ बेसबब बातें बनाते हैं लोग
ख़ुद-फ़रेबी[8] मे निकल पड़े चांद घर लाने को
गर्म-जोशी से ख़ातिर-तवाज़ो' मे लगे है लोग
खींचे-खींचे से दिल दुखाते ही रहे
ग़लत-फ़हमी इस-क़दर क्या-क्या समझते रहे लोग

- 1.जीवंत सुंदरता 2.रूप और सौंदर्य 3.ऐसा सुंदर जिस पर हूर को रशक आए 4.मस्ती 5.मात्र 6.दिल जीतने वाला 7.कुछ समय से 8.स्वयं को छलना

97. क्यों कहे कोई

क्यों कहे कोई उनको यूं जाने को
आय भी है वो तो ख़ुशामद[1] से

बहकने दो मुझको यूँ रोको ना
दिन आए भी है तो मेरे आ'माल[2] से

मेरे हुजरे[3] में उनका आना एक जमाने बाद हुआ
धड़-कने हुई बे-क़ाबू उनके तशरीफ लाने से

आए यूं ही नहीं, आए तो आए मनाने के बाद
तलाश-ए-सुकून खत्म हुई बाद उनके आने से

लफ्ज़ संभल कर ही निकलेंगे शोख़ मिज़ाज हैं वो
तीमार-दारी[4] करता रहूं अच्छा है उनके जाने से

रंग-ओ-आब[5] है उनसे वरना मैं तन्हा क्या चीज हूं
भला क्या हर्ज है आरज़ू मिन्नतें करने से

शेरो-सुख़न (शायरी)

- 1.निवेदन 2.आचार-व्यवहार 3.झोपड़ी 4.आवभगत 5.रौनक

98. आराम दिल को

आराम दिल को मिला होता निगाह जो मिलाया होता
पसंद न पसंद कर लेते कभी हाथ तो मिलाया होता

ख़ैर-मक़्दम[1], अगरचे उनका बुलावा आया होता
दूर-दूर से ही सही निगाह तो मिलाया होता

मिलने का अगरचे यक़ीं दिलाया होता
यूँ तकलीफ़ न हुई होती जो इक क़दम भी बढ़ाया होता

सर्द रातों में गर्म सांसों का मरहम जो लगाया होता
शिकायत न होती यूँ अगर अपना पराया न होता

वा'दा कर मुकरना यूं सितम ढाया न होता
ज़ख़्म-ए-दिल छेड़ दर्द बढ़ाया न होता

ना-तुवानी[2] मेरी नज़ाक़त तेरी काश क़दम बढ़ाया होता
ख़्वाब-ए-आराम[3] और सुकून-बख़्श[4] काम हुआ होता

- 1.स्वागत 2.कमज़ोरी 3.गहिरी मीठी नींद 4. आराम देने वाला

99. वहां क्या दिल खोलना

वहां क्या दिल खोलना जहां गर्द-ओ-गुबार[1] का अंबार हो
न मुझ पर उनका न उन पर मेरा ए'तिबार[2] हो

दिल ही सियह[3] हुआ फिर भला क्यों सरोकार हो
गया भी क़रीब वो उठ खड़े हुए जाने को बेकरार हो

भला क्या उम्मीद जहां बुनियाद ही कमज़ोर हो
नमी जो होता फिर क्यों दिल में दरार हो

गर्म-जोशी जो दिखाई होती दिल को थोड़ा तो करार हो
ए'तिमाद-ए-दिल[4] होता ,बात करने को क्यों न तैयार हो

बैठे हैं वो 'अदावत को[5] बस तारीख़ मुक़र्रर[6] हो
दिल में जगह नहीं रत्ती-भर फिर क्यों वफ़ादार हो

अच्छा-भला था बग़ैर मिले ख़बर न थी बीमार हो
दिली-कैफ़िय्यत बिगड़ी देख जब तु मा'ज़ूर[7] मजबूर हो

- 1.ख़ाक, धूल, मिट्टी 2.विश्वास 3.काला 4.दिल से विश्वास 5.लड़ने को 6.तारीख़ तै होना 7.विवश

100. दिल को आराम नहीं

दिल को आराम नहीं आंखों को सुकून नहीं
ये दिल्लगी मेरी दुनिया जहाँ लेगी

दिल-ए-ग़मगीं[1] पूछे क्या हाल
बचा नहीं अब कुछ मेरे पास बता अब तू क्या लेगी

ज़ुल्फ़-ए-'अम्बरीं[2] परेशाँ करती
दिल का सुकून छीन गया अब क्या तू मेरी जान लेगी

गिरफ़्त में हूँ तेरे तुझे ख़बर है भी या नहीं
मै तेरा ख़बर लेता रहा क्या अब तू मेरी खबर लेगी

गुस्ताख़ी[3] मेरी बिन इजाजत दिल ले लिया
मुझसे भी क्या मेरा दिल लेगी

सब है यहां एक तेरे सिवा
दूर ही दूर से मेरी अब क्या खबर लेगी

तकाज़ा है मुहब्बत का शुकुन इत्मिनान तो मिले
तड़पता रहूंगा यूँ ही या तू कभी मेरी खबर लेगी
1.दुखी ह्लदय 2.महबूब के बाल 3.दुःसाहस 4

101. मुलाकात होती

मुलाकात होती नहीं रोज-रोज, बिछड़ने का इरादा कर लिया क्या
तुम्हारे हवाले से ख़बर फैली, शहर छोड़ने का इरादा कर लिया क्या

ख़ुद-ब-ख़ुद फैसला ले लिया मुझको इत्तिला'[1] किया क्या
इंतजार में रहा तेरी ख़बर का, खबर तुमने दिया क्या

ख़ुद-मुख़्तार[2] हो ख़बर है , मुझसे मशवरा[3] लिया क्या
मेरा सब कुछ ले कर जा रहे तुमने कुछ दिया क्या

उन कसमो-वादों का क्या सब तोड़ दिया क्या
दफ़्न तेरे दिल में कुछ मेरे दिल में राज खोल दिया क्या

बेशक फैसला कर लिया मेरे दिल का सोचा क्या
कसमें खाई थी जीने मरने की फिर ये फैसला क्या

निशान छोड़ गए मेरे दिल पर अब मिटाना क्या
कदम जब तेरे उठ गए तो रोकना क्या रुकना क्या
1.सूचना 2.स्वतंत्र 3.सलाह

102. चल समझते हैं

चल समझते हैं एक दूसरे को , तु मुझको मैं तुझको पढ़ूं,
शक-ओ-शुबह[1] भी कर आज़माया भी कर

महसूस कर रगों में हलचल, पैदा कर हमदर्दी भी दिल में ज़रा
जो भी हो जैसा भी हो इरादा ज़ाहिर कर लिया भी कर

न जाने किस नज़रों से कैसे-कैसे आज़माओगे
बुरा ही सही मेरे अंदर भी झांक कर देख लिया भी कर

नज़र के साथ-साथ पुख्ता दिल भी कर लिया कर
ज़ेर-ए-हुक्म[2] ग़ुलाम नहीं जाने दिया भी कर

आबाद है ये दिल तेरी शरारतों से
मुझमें कुछ दिन जी कर देख लिया भी कर

हर एक हर्फ़[3] जानी-पहचानी सी लगती

कलम में स्याही का रंग देख लिया भी कर

1.संदेह 2.के अंतर्गत 3.शब्द

103. तेरे नज़रों के

तेरे नज़रों के सामने तूने परेशाँ कब नहीं देखा
कुछ न हो सका हौसला-अफ़ज़ाई[1] कर दिया होता

अंदेशा था तुझे मेरे डूबने का
कुछ न हो सका लंगर ही फेंक दिया होता

हवे मैं सब कुछ तेरी दरिया-दिली[2] भी
हाथ पकड़ते न सही पर हाथ तो बढ़ाया होता

बंद कर बैठे थे हर एक रस्ता
खयाल अगर मेरा होता रस्ता तो दिया होता

हलक़[3] सूख गया दहलीज़ पर उनके आते-आते
ख़्याल अगर होता पानी तो पूछा होता

मुस्कुरा रहे हैं जख्म देख कर
दर्द अगर होता तो दवा तो दिया होता

आग उगलती गर्मी लू भरी आंधियां
ख्याल अगर होता आंचल तो दिया होता
1. साहस बढ़ाना 2.दयालुता 3.गला

104. सरसरी निगाह

सरसरी निगाह उनकी हवा की तरह
गुदगुदा गए दिल को हसीं ख़्वाब की तरह

ख़्याल क्या आया दुनियादारी जाती रही
ग़फ़लत में यूं निहारते पागलों की तरह

नूरानी चेहरा मेरी आँखों से जाता नहीं
न रूबरू न पर्दा उठाते ज़िद पर अड़े है इस तरह

ख़त-ओ-किताबत से उनका वास्ता क्या
तू ही बता पैग़ाम पहुंचाऊं तो किस तरह

ख़ामोशी इख़्तियार कर भागे-भागे आते
मुहब्बत में तड़पाना अच्छा नहीं इस तरह

उनका ख्याल क्या आया रुह तर-ब-तर[2] हुई
इस-क़दर जज़्ब क्या बताऊं किस-किस तरह

शेरो-सुख़न (शायरी)

1. बेख़बरी 2.सराबोर

105. सवा शेर तो छोड़िए

सवा शेर तो छोड़िए, मन टन क्विंटल मेट्रिक टन हो जाएंगे
अब्बा ने सर पर चढ़ा गुब्बारे में बेहिसाब हवा भर दीया

ऊल-जलूल हरकतों का सिलसिला अब शुरू होगा
खुद तो खुद बिगड़ें मु'आशरे[1] को भी सबक सिखा दीया

चाल भी उनकी माशाअल्लाह अकड़ न पूछिए
ऊपरी मंजिल खाली-खाली सबके होश उड़ा दिया

न किसी की वो सुने न कोई उसकी सुने
बाहर तो बाहर घर में भी हुड़दंग मचा दिया

सनक जो सवार हुआ घर हो या बाहर हुआ
सर पकड़ कर अब क्या, सर पर क्यों चढ़ा दिया

लज़्ज़त-ए-ख़म्याज़ा[2] अब जाकर चखा

लकीर पीट कर क्या ,जब लौंडे को ताड़ पर चढ़ा दिया

- 1. समाज 2.आनंद का परिणाम

106. क़दम अब जा

क़दम अब जा कर उठे ख़्वाहिशें जब दम तोड़ गई
जगे भी तो देर से रात जब होने चली

अपने ही हथेलियों से वक़्त को फिसलने दिया
आसमाँ ही निहारता रहा ज़मीं गई खिसकती चली

समझना था कुछ ग़फ़लत[1] में समझ कुछ और गए
अब रोके कौन इन्हें बात जब इतनी बढ़ चली

छिपते ही रहे कभी इस कोने कभी उस कोने
हाथ को हाथ न दिखे अंधेरा गहरी हो चली

नसीहत[2] के तलबगार[3] तो नहीं दिखते
जिंदगी गुज़ारीं अच्छी खासी उम्र भी है हो चली

उठे भी वो तो देर से लड़खड़ाते क़दम से
इंतजार में जिनके मिले बग़ैर रुख़्सत[4] हो चली

• 1. असतर्कता 2.सलाह 3.इच्छुक 4.रवानगी

107. बड़े बेमरुआत

बड़े बेमरुआत से कहते, काहे को आया है तू बे
जवाब मासूमियत भरी, अब्बा हुज़ूर ने भेजा है चचा जनाब

तो चल आ क़रीब मेरे, बैठ मेरे पास- पकड़ झाड़ू
चमका दे दर-ओ-दीवार, ख्याल रहे न कोई हो सवाल

न मेरी तमन्ना थी आने की न मेरी ख़्वाहिश थी
मेरी ज़िम्मेदारी हरगिज़ नहीं होंगे मेरे बाप जनाब

क़िस्मत की लिखी या अपनों से बिगड़ी हुई तस्बीर हूँ
मैं अन्दर ही अन्दर रोज़-ब-रोज़ पीस्ता हूँ मरता हूँ जनाब

छोड़ गए मुझको ला-वारिस समझ
न मुझको दुनिया की समझ न दुनिया समझती मुझको
जनाब

हाड़-मांस का इंसान ही नहीं जज़्बात भी रखता हूं

शेरो-सुख़न (शायरी)

सुलूक उनका मत पूछिए ग़ुलाम हूँ जनाब

108. छुपना हुआ मुस्किल

छुपना हुआ मुस्किल ज़मीर जगाती रही मुझको
चेहरे पर चेहरा लगा रखा आईना अब दिखाती नहीं मुझको

कामयाबी का हर्जाना यूं देना होगा मुझको
डराता रहा ता-ज़िंदगी वो डरायेंगे सर-ए-'आम[1] मुझको

दाग़ मिटाने चले चंद रेवड़ियां बांटकर मुझको
रात ढलने दे कहीं और ले कर चल मुझको

बिकते हैं सभी वाजिब[2] दाम पर
कोई बिना बिके रह गया दिखा दो मुझको

दोस्त न सही एक दुश्मन दिखा दो मुझको
कहानी न बनाओ हक़ीक़त दिखा दो मुझको

सौ नाम न सही एक नाम गिना दो मुझको
नजरों से भी हो जो पाक-साफ़ दिखा दो मुझको

1.खुल्लम खुल्ला 2.उचित

109. न पूछ क्या

न पूछ क्या चल रहा है मेरे दिल में
तेरा आना-जाना लगा है मेरे दिल में

चुपके-चुपके रूठे-रूठे से आते हैं दिल में
सुकूँ दिए जाते हैं आ-आ कर मेरे दिल में

क्या चाहिए मुझको जो तू है दिल में
मेरी दुनिया तू है, जो तू है मेरे दिल में

चल रही है सांसे मेरी जो तू है दिल में
खबर है तुझको भी तू है मेरे दिल में

बे-ख़बर दुनिया से मैं जो, तू है दिल में
शोख़-मिज़ाज[1] तेरे क्यों, जो तू है मेरे दिल में

मौज-ए-सुरूर[2] का आलम है जो तू है दिल में
ख़ुमारी[3] न पूछ मेरी जो तू है मेरे दिल में

• 1.उदंड 2.ख़ुशी की लहर 3.मस्ती,

110. गर्द-ओ-ग़ुबार

गर्द-ओ-ग़ुबार[1] आलूदगी[2] सरजमीं कराहती रही
परिंदे शोर मचाते कहाँ उनकी बात सुनी जा रही

मुफ़ीद[3] अपने-अपने जरह-ओ-क़दह[4] जारी रही
ए'तिबार-ए-जहाँ[5] दिन-ब-दिन कमज़ोर हुई जा रही

कहीं सैलाब कहीं सूखा कहीं जमी बियाबान[6] हुई जा रही
आब-ओ-हवा[7] न पूछिए सांस लेनी भी दुश्वार हुई जा रही

समंदर खुद को हैरान सी देखी जा रही
दरिया भी अपनी बेबसी पर बे-ख़ुद[8] रोई जा रही

मा'क़ूल[9] नहीं फ़ज़ा जिंदगी के लिए
कुदरत के ज़ेर-ए-नज़र[10] है जो खेल खेली जा रही

सहरा-ब-सहरा[11] वज़ूद से जद्दोजहद किए जा रही
नजर तो दौड़ा, ता'मीर-ए-काइनात[12] इशारा किए जा रही

1. ख़ाक, धूल, मिट्टी 2.प्रदूषण, 3.फायदा 4.वाद-विवाद 5.विश्व की विश्वसनीयता 6.रेगिस्तान 7.वातावरण 8.अपने होश में न होना 9.उचित 10.निगरानी में 11.रेगिस्तान के बाद रेगिस्तान 12.ब्रह्मांड की वास्तुकला

111. कुछ यूं ज़ेर-ए-असर

कुछ यूं ज़ेर-ए-असर[1] मां की दुआओं का
कुछ ऐसा जैसे परिंदों को पर लगने का

एहसास , मेरी ख़्वाहिश मेरे माथे की शिकन[2] का
आंखों को पढ़ लेती मरहम है मेरे दर्द का

मां से मिल आ, कद्र कर मां के एहसान का
वक्त मिले न मिले सुकून भरी नींद मां की गोद का

पुर-ख़ुलूस[3] मोहब्बत गवाह है मां के होने का
नज़र-अंदाज़ करती नाफ़रमानियां , कुछ यूं अंदाज़ है मां का

ऐ ख़ुदा मुझे क़ाबिल बना मां की मोहब्बत का
सुना है मोहताज है जन्नत मां के कदमों का

- 1. ज़ेर-ए-असर 2. सिलवट 3. उदारता से भरा

112. चेहरा तो आईना

चेहरा तो आईना , झलक ख़ुशी दिखाने की
चलो कुछ बेहतर करते फ़िक्र है ज़माने की
टूट कर जो न बिखरा जरूरत क्या है मरहम लगाने की
दिलों में गुबार भरा पड़ा, जरूरत पड़ी हंसी छपाने की

ख़ुशी रस्ता ढूंढ ही लेती बस जरूरत है किसी बहाने की
फिर क्या गैर क्या अपने जरूरत है दिल से लगाने की

गुज़रें कल का मातम भी क्या, ख़ुद से ख़ुद को आज़माने की
दर-दर भटकता क्यों, तलाश क्यों है खुद की ख़ज़ाने की

रहबर[1] तू, खुद तेरा दिल जरूरत है पहचानने की
दिलों में पा-बस्ता[2] है ख़ुशी जरूरत है बाहर निकालने की

ख़ुशियां दस्तक देती रही सलीका ही न आया मनाने का
वक्त के साथ- साथ उम्र भी जाया हुई तमन्ना ही रही ख़ुशी पाने की

होंठों पर मुस्कान, जरूरत है दिल खोल कर दिखाने की
सियह[3] दिल बेमुरव्वत आंखें ,बस ख़्वाब है दिल जीत जाने की

- 1. राह दिखाने वाला 2. समाया हुआ 3. काला

113. बुढ़ापा दस्तक दे

बुढ़ापा दस्तक दे रही है जवानी के चौखट पर
जवानी भी कम बेशर्म नहीं कहां है वो आजकल घर पर

बर्फ पिघल रही है बड़े नाज़ से
वक्त बेवक्त निकल पड़ते हैं वो आज भी रियाज़ पर

अगरचे बुझती है दिया, थोड़ा धधक लेने में हर्ज क्या
तड़पते हैं ऐसे ब-ख़ुदा, परचम लहरा देंगे मीनार पर

बड़े नादान निकले, तबीयत कुछ और दिल कहीं और
बीड़ी पीने की हैसियत नहीं अड़े हैं सिगार पर

तजुरबे भला क्यों न आज़माया करें वो
पेच-ओ-ख़म[1] जिस्म की खुल गई, अड़े हैं जाँ-निसार पर

• 1. जटिलता

114. उम्र से तेरे

उम्र से तेरे झलकता नहीं कि तू 'उम्र-ए-दराज़[1] है
कई सावनों का मज़ा लिया तुझमें आज भी प्यास है

धधक रही थी जो आग बुझी नहीं
लगाते रहे अंदाज़-ए-'अय्यारी[2] ,आज भी बिंदास है

झड़ गई एक-एक करके सब फूल पत्तियां
न जा उनकी उम्र पर खुदा खैर करे, आज भी ख़ुमार है

दिल-ओ-दिमाग़ में जज़्ब[3] हुआ बैठा है अपना कोई
जो था उनके दिल में आज भी ब-ख़याल[4] है

होश में आए तो ज़रा कुछ बात बने
क्या समझ क्या समझाना बेहोशी की हालत है

उम्र का तक़ाज़ा और दिल्लगी किया करे कोई
उनके दिल को ना-क़ाबिल-ए-बरदाश्त है

1. वयोवृद्ध 2. दुष्टता का ढंग 3. समाया 4. विचार में

115. नफे नुकसान

नफे नुकसान की क्या फिक्र
दांव पर खुद को, ज़िंदगी किनारे लगा रखा है

आरज़ू भी दिल-लगी भी
मोहब्बत को तूने क्या मैदान समझ रखा है

मिन्नतें करता रुसवा भी
क्या अपने बाप की जागीर समझ रखा है

तुम कहो तो उठ जाऊं तुम कहो तो बैठ जाऊं
क्या काठ का उल्लू समझ रखा है

बेशक लगी है आग दोनों तरफ
बुझाने का ठेका सिर्फ तुम ने ले रखा है

116. सलाम जो करते हो

सलाम जो करते हो बे-तकल्लुफ़, ख़्वाहिश है इनाम की
बे-तकल्लुफ़ हो मोहब्बत , जरूरत क्यों है सलाम की

लाज़िम[1] है दस्तूर[2] भी फ़रमान[3] भी रश्म-ऐ-दुनिया[4] रस्म-ऐ-दीन[5] भी
फिर भला क्यों न जरूरत पड़े सलाम की

दिल मिले न मिले सलामती की दुआ बेशक होती रहे
तहज़ीब-ओ-सक़ाफ़त[6] रही हमारी सलाम की

बरसर-ए-महफ़िल[7] वो सुर्ख़रू[8] हो आए
बुलंद रुतबा हो तो क्यों न ख़्वाहिश हो सलाम की

ता'लीम-ओ-तर्बियत[9] बख़ूबी संभाल रखा
तर्ज़-ए-गुफ़्तुगू[10] की शुरू'आत ही है सलाम की

- 1.अनिवार्य 2. क़ायदा 3. हुक्म 4. दुनिया की रीति
- 5. धर्म की रीति 6. सभ्यता और संस्कृति 7. सभा में

• 8. सम्मानित 9. पढ़ाई लिखाई 10. बात करने का तरीका

117. माँ तुझे गुज़रे

माँ तुझे गुज़रे ज़माना हुवा
शिद्दत से याद आती तू आज भी

रिश्ता कुछ ऐसा रूह से शुरू' रूह पर ही ख़त्म
तेरे जाने के बाद भी सिलसिला वो है आज भी

ख़ुद-मुख़्तार[1] हो गए एक-एक कर सभी
आबाद हो भले सभी ,तेरी कमी आज भी

'ऐश-आराम से लबरेज़[2] जिंदगी भले हो
खाली-खाली सा समंदर आज भी

कुदरत ने मकसूद[3] कर रखा था किरदार
आधी अधूरी जिंदगी जी चली गई, मलाल आज भी

यारब पुर-सुकून[4] जिंदगी नसीब कहां
हर एक लम्हा यूँ गुजरता , गुफ़्तुगू में तू आज भी

मुझ पर गुजरती है जो महसूस किया करे कोई
ये हुनर मां के सिवा किसी में नहीं आज भी
1.आज़ाद 2. भरा हुआ 3. तय करना 4. शांतिपूर्ण

118. नींद क्या लगी

नींद क्या लगी ख्वाब में आने लगे
दिन ढले सोता रहा आपके जाने के खौफ से

कुछ यूं समा गए मुझ में
बसने का इरादा है बसिये शौक से

मांगे से जो न मिले वो मिली है ख़ैरात में
जो दे गए सुकून मुझको बढ़कर है मेरी औकात से

वो जो आ रहे है दिल में हौले-हौले
वो है इनाम , मेरी मेहनत मशक्कत से

उनकी नजर क्या पड़ी मेरी नजर पर
सुर्ख़रू[1] हुई नज़रें हुस्न-ए-नज़र[2] से

अश्क हो गम हो 'अज़ीज़[3] हर लम्हा
ख्वाब ही सही आते तो है मेरी इल्तिजा[4] से

1.सम्मानित 2. दृष्टि की अच्छे बुरे की परख 3. जिससे प्रेम हो 4. गुज़ारिश

119. मेरे कातिल

मेरे कातिल हुनरमंद जो ठहरे
क़त्ल भी करते ज़मी पर खून बिखरता नहीं

बड़े शातिर है रंग बदलने में
गवाह भी फरियादी भी निशाँ छोड़ते नहीं

ख़ूब ख़ामियां है तेरी साज़िश में
गर्दन झुका रखा हूं तलवार में धार नहीं

बेजान दलील, फ़रेब-साज़ी सब नाकाम हुई
उम्मीद लगा बैठे थे, सजा हुई नहीं

लाख तोहमतें लगा मेरे किरदार पर
बाख़बर है तू मुझसे , पाक-साफ दिल जुर्म की ही नहीं

सिर्फ होशियार तू ही नहीं मैं भी हूं
तेरी बातों पर ए'तिबार अब रहा ही नहीं

ख़ुद-ग़र्ज़ी की इन्तहां, आसमा की तरफ इशारा
ज़मी पर कुछ दिखता ही नहीं

www.ingramcontent.com/pod-product-compliance
Lightning Source LLC
La Vergne TN
LVHW040428051026
849517LV00002B/506
9798885461085